ALEXANDER DER GROSSE

ԹԸՕ

Իբրand the manuscript text appears here... Իբրդարանայն վարբերեց` անywond
ետ բանեն ես զմgraph. ա մա ի մխ զԵ̄
զ̄ որ դաsայ ա̄բ ա̄s անքs կ̄ s
ետ ք̄ s. Ա̄ան ա̄s ան̄ s զ̄ ա̄w և̄ ա̄
ք̄ ա̄s անք̄ s ան̄ ա̄w և ան̄ s Ա̄s ա̄s ան̄
նն̄ s ա̄s ա̄w s zzz ա̄s ա̄w s ա̄s ան̄ s

Ա̄ս ա̄s ա̄ ի̄s ա̄s ա̄s ա̄s
s ա̄ա̄ ա̄s ա̄s ա̄s ա̄s ա̄s
ետ ա̄ա̄ s ա̄ s ա̄w ա̄ ա̄s ա̄s
ա̄ ա̄ա̄ ա̄w ա̄s ա̄w ա̄s ա̄s ա̄ w ա̄s
ա̄ ա̄ ա̄ ա̄w ա̄s ա̄s ա̄ ա̄w s

Giampaolo
Casati

ALEXANDER
DER GROSSE

Parthas

HINWEIS
Der Einfachheit halber wurde im Haupttext auf
die Zeitangabe »v. Chr.« verzichtet, da alle hier
geschilderten Ereignisse vor der Geburt Christi
stattfanden.

AUS DEM ITALIENISCHEN
Caroline Gutberlet

GESTALTUNG
Giorgio Seppi

SATZ
Birgit Zschunke

LEKTORAT
Gabriela Wachter

UMSCHLAG
Federico Magi

Die Originalausgabe erschien
© 2003 bei Arnoldo Mondadori S.p.A., Mailand

© 2004 Parthas Verlag GmbH
Stresemannstr. 30
10963 Berlin

ISBN 3-932529-97-9

Inhalt

Einführung

Alexander der Große – schon zu Lebzeiten ein Mythos und nach seinem plötzlichen, unerklärlichen Tod im Alter von nicht einmal dreiunddreißig Jahren erst recht zum legendären Helden erhoben – gehört zu jenen berühmten Persönlichkeiten der Menschheitsgeschichte, die für alle Zeiten faszinierend bleiben und vom Nimbus eines unergründlichen Geheimnisses umgeben sein werden. Sein Leben und Wirken, seine fast übermenschliche Unternehmung, durch die er sich binnen nur dreizehn Jahren zum mächtigsten Herrscher der Welt erhob, sind in unzähligen Geschichtswerken überliefert. Allerdings erweist sich eine kritische Prüfung dieser Texte, in denen Wahrheit und Dichtung ganz nahe beieinander liegen, als schwierig. Abgesehen davon ist zugegebenermaßen die Gestalt des Makedonen so vielschichtig, dass sie sich jeder eindeutigen Bestimmung entzieht. Wer war Alexander »wirklich«? Der harte, entschlossene und ehrgeizige Mann, der kaltblütige Kämpfer oder der neugierige Reisende? Der cholerische und rachsüchtige Monarch oder der kultivierte und feinsinnige Herrscher, der von seinen Untergebenen vergöttert wurde? Der vernunftgeleitete Schüler des Aristoteles oder der exaltierte Mystiker, der behauptete, von einem Gott abzustammen? Alexander der Große war all das zusammen, und noch einiges mehr. Abwechselnd haben die Historiker der Neuzeit jeweils andere Aspekte näher beleuchtet und ihn zu unterschiedlichen Symbolfiguren erhoben: ein Einzelner, der den Lauf der Geschichte verändert, der Held und Zivilisationsbringer, der die Ideologie der Kolonisation verteidigt, oder im Gegenteil der erste Theoretiker des Ethnozids, der Zerstörung der kulturellen Identität von Volksgruppen durch erzwungene Assimilierung, im großen Maßstab. In den letzten Jahren scheint sich eine kritische Strömung durchgesetzt zu haben, die tendenziell eher die Grenzen und auch die schwere Verantwortung Alexanders und seines politischen Konzepts in den Vordergrund rückt. Es ist nicht zu leugnen, dass der Makedone ein ums andere Mal zur Konsolidierung seiner Macht zu Mitteln des Terrors und sogar des planmäßigen Völkermords gegriffen hat, andererseits ist aber auch offensichtlich, dass die seinem Imperium zugrunde liegende Idee, die sich nicht auf die Überlegenheit einer Rasse oder einer Zivilisation stützte, sondern vielmehr auf die Durchmischung der Kulturen und religiösen Überzeugungen, klug und zukunftsweisend war. Möglicherweise lässt sich die Wahrheit über Alexander den Großen gerade in diesem Wechsel von Licht und Schatten, von Ruhm und Niedertracht finden.

DAS MAKEDONISCHE REICH

Philipp II. verwandelt einen unbedeutenden Staat in ein mächtiges Reich. Bei seinem Tod erbt Alexander nicht nur die eroberten Territorien des Vaters, sondern auch dessen phantastischen Traum von der Eroberung des Orients.

AM HOF PHILIPPS II. (356–340)

König Alexander von Makedonien, heute besser bekannt unter dem Namen Alexander der Große, wurde sehr wahrscheinlich in Pella, der Hauptstadt des Königreichs Makedonien, um den 20. Juli – vielleicht auch im Oktober – des Jahres 356 vor unserer Zeitrechnung geboren.

Nach Aussage der Biographen, die sich erst viele Jahre später daranmachten, das Leben des Helden niederzuschreiben – und es dabei um zahlreiche legendäre Begebenheiten anreicherten –, war seine Geburt von diversen Weissagungen begleitet. So wird zum Beispiel erzählt, dass genau am Tag von Alexanders Geburt sein Vater Philipp II., der kurz vorher die Stadt Poteidaia erobert hatte, die Nachricht vom Sieg seines Feldherrn Parmenion über die Dardaner erhielt, und dass eines seiner Pferde bei den Olympischen Wettkämpfen den ersten Platz errungen hatte. Aus diesem dreifachen Sieg leiteten die Wahrsager anscheinend ab, dass der Lebensweg des Kindes mit Triumphen gepflastert sein würde. Ein Biograph berichtet auch, dass der Tag der Geburt des Königssohnes mit dem Brand zusammenfiel, der den großen Tempel der Artemis in Ephesos zerstörte: ein Ereignis, das die Priester als Vorzeichen des Unheils deuteten, das den Völkern des Orients widerfahren würde.

In Wirklichkeit dürfte die Geburt Alexanders keine allzu hohen Wellen geschlagen haben. Er war zwar der Sohn des mächtigen und ehrgeizigen makedonischen Königs, aber seine Mutter Olympias war nur eine seiner vielen Gemahlinnen. Philipp hatte derer wohl mindestens sechs oder sieben gleichzeitig, von den zahlreichen Geliebten und Hetären ganz zu schweigen. Von all diesen Frauen hatte der König viele Kinder, darunter mindestens zwei weitere Söhne: Arrhidaios und Kynna. Auch gab es weitere potenzielle Thronanwärter, die mehr oder weniger eng mit Philipp verwandt waren. Also war Alexander zu Beginn seines Lebens nur einer von mehreren makedonischen Prinzen, die theoretisch alle einen Anspruch auf den Thron hatten, zumal die dynastischen Gebräuche das Erstgeburtsrecht nicht zwingend vorschrieben. Obwohl der König immer aus dem Geschlecht der Argeaden

Rechts: Der Entbindung der Olympias, der Mutter Alexanders des Großen, ist eine der 85 Miniaturen, die eine Handschrift des *Alexanderromans* aus der Feder des Kopisten Nersès illustrieren, gewidmet. Aufbewahrt wird das kostbare Dokument bei der Congregazione Armena Mechitarista in der Kirche San Lazzaro bei Venedig.

Unten: Römisches Goldmedaillon mit Darstellung der Olympias (Vorder- und Rückseite), aufbewahrt im Archäologischen Museum von Thessaloniki.

Linke Seite, Mitte: Porträt Philipps II., gearbeitet aus feinkörnigem Marmor, wohl aus dem 1. Jh. n. Chr. Einige Forscher nehmen an, dass es sich um die Kopie einer Skulptur des attischen Bildhauers Leochares (4. Jh. v. Chr.) handelt, andere halten sie für ein Originalwerk.

Unten: Ein See in Makedonien. In hellenistischer Zeit standen die Binnengewässer noch mit dem Meer in Verbindung.

gewählt worden war, die sich als direkte Nachkommen des mythischen Helden Herakles sahen, trat nur selten der Fall ein, dass ein Erstgeborener automatisch dem Vater auf den Thron folgte. Viel häufiger wurde die Frage der Nachfolge innerhalb der königlichen Familie durch Verschwörungen, Brudermord und Usurpationen gelöst. Philipp II. beispielsweise, der erst der drittgeborene Sohn von König Amyntas III. war, hatte offiziell die Regierung als Vormund für seinen Neffen (der ebenfalls Amyntas hieß) übernommen, wobei Letzterer designierter Nachfolger blieb. Den Königstitel, der ihm von Rechts wegen nicht zustand, hatte sich Philipp durch seine Tatkraft und sein Charisma erworben. Zum faktischen Herrscher wurde er per Akklamation durch die Heeresversammlung, der einzigen Instanz, die in solchen Entscheidungen etwas zu sagen hatte. Und obgleich diese Versammlung häufig durch die Adelsfamilien des Königreichs manipuliert wurde, kann man zu dem Schluss kommen, dass ein Thronanwärter in Makedonien sich nur aufgrund seiner persönlichen Begabungen und breiter politischer Unterstützung die Königswürde sichern konnte. Was diese Unterstützung betraf, stand es für Alexander anfänglich nicht besonders gut. Olympias, seine Mutter, war die Tochter des Königs von Epirus, Neoptolemos I., eine ausländische Fürstin also, eine stolze und leidenschaftliche Person, die nicht zuletzt wegen ihrer exzentrischen religiösen Praktiken am Hof nicht gern gesehen war. Die Königin war in der Tat von einer starken Neigung zum Mystischen getrieben, die in ihrer begeisterten Teilnahme an den orgiastischen Mysterien und dionysischen Prozessionen zutage trat. Im Verlauf dieser olympischen Zeremonien stellte sie, von bacchantischer Raserei gepackt, ganz offen den zügellosen Eifer einer Mänade zur Schau. Sie ging sogar so weit, sich in aller Öffentlichkeit mit ihren Riesenschlangen, die sie in ihren Gemächern selbst aufzog, zu zeigen und sie herumzuwirbeln. Die Tatsache, dass sie einem barbarischen Kult anhing, der von den kultivierten und zivilisierten Bürgern Griechenlands eher toleriert denn wirklich akzeptiert wurde, sorgte am Hof in Pella für einigermaßen große Verlegenheit: Seit Generationen bemühten sich nämlich die Könige und ihre Höflinge darum, zu beweisen, dass sie keine archaischen Hirten mehr waren, sondern sehr wohl wahre Griechen, die voll und ganz an den höchst erhabenen und harmonischen spirituellen Darbietungen der hellenistischen Welt teilhatten.

Dieser kulturelle Anpassungsprozess war von Philipp II. zur Vollendung gebracht worden. Er war der erste makedonische König, der eine umfassende griechische Bildung genossen hatte, insbesondere auf militärischem Gebiet. Zum Teil war dies auf die Tatsache zurückzuführen, dass Philipp als Heranwachsender drei Jahre in Theben als Geisel verbringen musste, nachdem sein älterer Bruder vom Heer dieser Stadt besiegt worden war.

Damals machte sich Theben die politische Krise zunutze, in der sich Athen und Sparta, völlig erschöpft vom lang anhaltenden Peloponnesischen Krieg, befanden. Theben war es in diesen Jahren gelungen, zumindest für kurze Zeit die Vorherrschaft über die anderen griechischen Stadtstaaten zu erlangen. Möglich geworden war dies dank neuer technischer Errungen-

Links: *Farnesischer Herakles*, Marmorstatue des Athener Bildhauers Glykon (Neapel, Museo Archeologico Nazionale). Die Skulptur ist eine vergrößerte Kopie einer Bronzestatue des griechischen Bildhauers Lysipp, eines bedeutenden Künstlers des 4. Jh. v. Chr. Herakles bzw. Herkules galt als mythischer Stammvater der makedonischen Königsfamilie.

Oben: Tanzende Mänade mit Leopard und Schlange; Vasenmalerei, um 490 v. Chr.

Rechte Seite: Miniatur aus einer Handschrift des *Alexanderromans*, die Philipp bei der Befragung des Orakels in Delphi und den jungen Alexander beim Zähmen des Pferdes Bukephalos darstellt.

schaften auf militärischem Gebiet, insbesondere durch den Einsatz der »Phalanx«, einer Formation von Soldaten, die mit langen Lanzen bewaffnet und in mehreren Reihen angeordnet waren. Sie wurde von den berühmten thebanischen Heerführern Pelopidas und Epameinondas perfektioniert. Philipp, der hochintelligent war und eine scharfe Beobachtungsgabe besaß, hatte die Gelegenheit gehabt, das berühmte Heer in Aktion zu sehen. Als er in die Heimat zurückkehrte und den Thron bestieg, setzte er das Erlernte gewinnbringend ein und überflügelte bald seine Lehrmeister.

Auch wenn die Mehrheit der Griechen Makedonien nach wie vor für ein eher primitives Land hielt, besaß es eine ganze Reihe unbedingt vorteilhafter Eigenschaften für jemanden wie Philipp II., der sich ehrgeizige Expansionsziele setzte. Die weite Ebene, die sich vom Berg Olympos bis zur Gebirgskette des Pindos erstreckte, sicherte eine reichliche Getreideproduktion und begünstigte die Aufzucht von Pferden; die Wälder der Halbinsel Chalkidike, die Philipp den Athenern abgerungen

hatte, bildeten große Holzreserven für den Flottenbau, während die Gold- und Silberminen im Pangaiongebirge, die zum persönlichen Eigentum des Königs gehörten, sämtliche für die Bedürfnisse des Militärs erforderlichen Rohstoffe lieferten.

Zu diesen reichen Vorkommen an natürlichen Ressourcen kam die Tatsache hinzu, dass die Makedonen, die sich seit Jahrhunderten gegen die Einfälle ihrer wilden Nachbarn, der Thraker und Illyrer, zur Wehr setzen mussten, aus Gewohnheit gut mit Waffen umgehen konnten. Damit entfiel die Unannehmlichkeit, Söldner anheuern zu müssen, wie dies in fast allen griechischen Stadtstaaten der Fall war.

Es fehlte nur noch ein Heerführer, der die einzelnen Verbände systematisch aufbaute und in die Schlacht führte. Philipp II. ergriff diese günstige Gelegenheit und ebnete sich den Weg zu einer ganzen Reihe siegreicher Feldzüge, indem er ein Heer auf die Beine stellte, das es mit den Armeen des griechischen Städtebundes aufnehmen konnte.

Zunächst unterwarf der König die bis dato unabhängigen Machthaber Nordmakedoniens, die sich der königlichen Streitmacht anschlossen; danach begann er sukzessive die autonomen Städte an den Grenzen seines Reichs, einschließlich der mit Athen verbündeten, zu erobern. Gestärkt durch diese Siege, erreichte Philipp, dass auch die Völker Nordgriechenlands, wie die Thessaler, seine Führungsrolle akzeptierten. Zum ersten Mal in der Geschichte war Makedonien nicht mehr das Ziel von Eroberungen, sondern eine expandierende Macht. Doch dem genialen Souverän des Landes schwebte noch wesentlich mehr vor ...

Die Makedonen:
Griechen oder Barbaren?

Die Makedonen, die schon seit Jahrhunderten in den weiten Ebenen und an den Berghängen einer sich nördlich von Thessalien erstreckenden Landschaft lebten, waren lange Zeit ein reines Hirtenvolk, bestehend aus verschiedenen Clans, die dem Totemglauben anhingen und eine besondere Form der Weidewirtschaft mit häufigem Wechsel der Weideplätze (Transhumanz) betrieben. Ihre ethnische Herkunft ist bis heute nicht vollständig geklärt. Mit Sicherheit handelte es sich aber um ein indoeuropäisches Volk, das sich allerdings von den in den Nachbarregionen ansässigen illyrischen und thrakischen Stämmen unterschied. Aller Wahrscheinlichkeit nach waren die Makedonen mit den Völkern in Hellas verwandt, auch wenn sie wegen ihrer fast vollständigen Isolation kaum mit der kulturellen und staatspolitischen Entwicklung ihrer südlichen Nachbarn in Berührung kamen. Sie sprachen einen griechischen Dialekt, der sich aufgrund der Abgeschiedenheit der Region selbständig weiterentwickelte. Im klassischen Altertum war er für die echten Griechen kaum noch zu verstehen, allein schon wegen der besonderen Aussprache: »ch« wurde als »g« und »f« als »b« ausgesprochen, sodass sich der Name ihres Königs wie »Bilip« anhörte.

Mehr noch als die sprachlichen Differenzen war es jedoch ihre Rückständigkeit, die die Makedonen in den Augen der Griechen ziemlich suspekt erscheinen ließ, mit den Barbaren auf nahezu eine Stufe stellte. In der Tat hatten die Makedonen, die abgeschnitten vom Rest der Welt in ihren reich bewaldeten Tälern lebten, in denen es noch Wölfe und Bären gab, erst sehr spät eine gemeinsame Identität entwickelt.

Im Altertum herrschten in diesem Land kriegerischer Stammesfürsten noch durchweg primitive gesellschaftliche, wirtschaftliche und religiöse Bedingungen. Die Bevölkerung lebte in bescheidenen unbewehrten Dörfern mitten im Wald und selbst in den Hauptstädten Aigai und Pella fehlte jede Spur jener politischen Aktivität, die in allen griechischen Gemeinschaften als fundamental wichtig erachtet wurde. In Makedonien hatte sich noch die ursprüngliche Gesellschaftsform erhalten, die keine schriftlichen Gesetze kannte und wonach der Wert eines Mannes an seinem Geschick bei der Jagd oder im Kampf gegen die Nachbarvölker und an seiner Trinkfestigkeit gemessen wurde. Bei Festmahlen mussten diejenigen, die noch kein Wildschwein erlegt oder einen Menschen getötet hatten, abseits auf unbequemen Hockern sitzen. Auch die Staatsform, die sich noch auf die Person eines Königs gründete – eine Figur, die fast überall in Griechenland von der Bildfläche verschwunden war – mutete so archaisch an, dass man sich an

   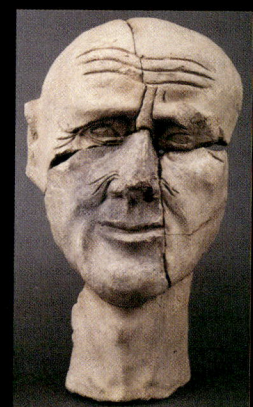

Links: Der Bronzehelm mit goldener Totenmaske (um 520 v. Chr.) wurde in einem Grab bei Sindos gefunden und wird heute im Archäologischen Museum von Thessaloniki aufbewahrt. Die Maske mit applizierter Nase wurde aus einer Goldfolie getrieben. Der Helm ist ein typisches illyrisches Modell.

Linke Seite, oben: Silberne Achtdrachmenmünze aus der Zeit Alexanders I. Philhellen (um 495–442 v. Chr.), die einen mit zwei Lanzen bewaffneten Reiter – vielleicht sogar den König selbst – darstellt.

Unten: Die vier Terrakotta-Köpfe aus der Zeit um 480 v. Chr. wurden bei Ausgrabungen zwischen den Gräbern einer in den Jahren 1980 bis 1982 in der Nähe von Sindos (ca. 20 km westlich von Thessaloniki) entdeckten Begräbnisstätte gefunden. Sie stellen wahrscheinlich Erdgottheiten dar.

die alten homerischen Monarchien erinnert fühlte, mit ihren Potentaten, die sich in Kriegszeiten in Feldherren verwandelten und in Friedenszeiten sich kaum von den Feudalherren unterschieden, mit denen sie sich an ihrem Hof umgaben. Durch die dauerhaften Beziehungen zu den südlichen Stadtstaaten veränderte sich Makedonien zusehends ab dem 5. Jh. Die zu diesem Zeitpunkt regierenden Herrscher der Dynastie der Argeaden verkündeten ihr Griechentum und versuchten sich einer Zivilisation anzunähern, deren Überlegenheit sie gewahr wurden. Der Urahne Philipps II.,

Alexander I., genannt Philhellen (wörtlich »der Freund der Griechen«), konnte nachweisen, dass seine Familie ursprünglich aus Argos stammte, und eröffnete sich die Möglichkeit, zu den Olympischen Spielen zugelassen zu werden, von denen alle Barbaren ausgeschlossen waren. Sein Enkel Archelaos setzte alles daran, Pella in ein kulturelles Zentrum zu verwandeln, und zog viele Künstler und Schriftsteller an seinen Hof, darunter den großen athenischen Tragiker Euripides. Unter Philipp II., der die Politik Archelaos' aufgriff, wurde die Modernisierung Makedoniens vollendet.

Oben: Zwei der 66 Miniaturen aus der Handschrift *Iskender-Name* des osmanischen Dichters Ahmedi (15. Jh.), die die Erziehung von Philipps Sohn Alexander schildern.

Unten: Philipp II., Olympias und Alexander als Dionysos, Ariadne und Pan; Teil einer Applike aus Elfenbein aus dem Grab Philipps in Vergina.

Rechte Seite: Die Ruinen von Pella, der alten, im klassischen Altertum gegründeten Hauptstadt Makedoniens.

DIE ERZIEHUNG EINES EROBERERS

In der Zwischenzeit begann, im Schatten der väterlichen Erfolge, die Erziehung des jungen Alexander. Früh wurde der junge Königssohn der Fürsorge der Mutter entzogen und in die des Leonidas aus Epirus gegeben. Dieser erste Lehrer bemühte sich nach Kräften, den Knaben an die Mühen und Unannehmlichkeiten des Lebens zu gewöhnen, indem er ihn in harter und strenger Manier auf sein künftiges Soldatenleben vorbereitete. Später wurde Leonidas der griechische Erzieher Lysimachos zur Seite gestellt, der die Sympathie des Knaben für sich gewinnen konnte. Er beflügelte die Phantasie des Knaben mit der Erzählung des Trojanischen Krieges und verglich ihn mit dem Helden Achilles, der als Stammvater der Familie Olympias' angesehen wurde.

Die Erziehung des Königssohnes bezog teilweise auch gleichaltrige Sprösslinge aus den Adelsfamilien des

Königreichs mit ein; mit einigen von ihnen sollte der künftige Feldherr Freundschaftsbande knüpfen, die sein Leben lang halten würden. Den ersten Platz unter diesen Jugendlichen nahm Hephaistion ein, zu dem Alexander eine so tiefe und wohl auch körperliche Zuneigung fasste – so dass Lysimachos ihn mit dem Spitznamen Patroklos auszeichnete, dem Namen des brüderlichen Freundes von Achilles.

Den Biographen zufolge zeigte Alexander schon als Jugendlicher Mut und Entschlossenheit, beides Eigenschaften, die er in der berühmten Episode mit dem Pferd Bukephalos unter Beweis stellte. Bukephalos, so wird erzählt, war ein schwarzer, ungewöhnlich schöner Zuchthengst, aber so wild und ungebärdig, dass selbst Philipp und seine Stallmeister entschieden, es nicht zu kaufen. Alexander aber, obwohl nur ein Knabe, wagte es, diese Entscheidung in Frage zu stellen. Der Vater ermahnte ihn, den Worten Taten folgen zu lassen, es wurde eine Wette abgeschlossen, und Alexander

lief rasch zu dem Pferd hin. Weil er bemerkt hatte, dass das Pferd bereits scheute, wenn es seinen Schatten vor sich fallen sah, wendete er es gegen die Sonne. Dann stieg er auf und bezähmte es. An diesem Punkt, so heißt es, fing der starke und grausame Herrscher vor Freude und Stolz an zu weinen.

An diesem Tag wurde Bukephalos das Schlachtpferd Alexanders. Es begleitete ihn auf all seinen Eroberungszügen, bis es schließlich nach zahlreichen überstandenen Gefahren an Altersschwäche starb.

Unabhängig davon, ob sich diese Geschichte wirklich begeben hat oder nicht, scheint Philipp diesem viel versprechenden Sohn viel Aufmerksamkeit geschenkt zu haben. Er war sehr darum bemüht, ihm die bestmögliche Erziehung angedeihen zu lassen. Sicher ist jedenfalls, dass er ihm einen einzigartigen Lehrer besorgte: Aristoteles, den brillantesten Schüler des berühmten Philosophen Platon. Der Gelehrte wurde wahrscheinlich nicht nur seines Ruhmes wegen auserwählt, sondern

Links: Die Bronzestatuette des reitenden Knaben Alexander entstand zwischen 300 und 250 v. Chr. und ist im Museo Nazionale di Villa Giulia in Rom zu bewundern.

Rechte Seite, oben: Die Büste des Aristoteles, deren Herkunft unbekannt ist, wird im Museo Nazionale in Rom aufbewahrt: Der Kopf ist aus griechischem Marmor, der Umhang aus Alabaster.

Unten: Alexander bezähmt Bukephalos; die Bronzestatue aus dem 4./3. Jh. v. Chr. ist im Archäologischen Museum von Florenz ausgestellt.

sicherlich auch deswegen, weil schon sein Vater, der von Beruf Arzt war, in eben dieser Funktion am makedonischen Hof gewesen war. Überdies war Aristoteles der Schwiegersohn von Hermias, des mächtigen Potentaten von Atarneus in Kleinasien, eine Verbindung, die vielleicht noch eine wichtige Rolle im Rahmen der politischen Pläne spielen konnte, die Philipp für diese Region schmiedete.

Aristoteles war vierzig, als er 343 nach Makedonien kam. Der König stellte ihm die heilige Stätte der Nymphen zur Verfügung,

Plutarch

»Als er aber in einer dressurmäßigen Wendung stolz und froh zurückgeritten kam, jubelten ihm alle zu, sein Vater aber soll Freudentränen vergossen haben. Beim Absitzen küsste er seinen Sohn und sagte zu ihm: ›Mein Sohn, such dir ein Reich, das deiner würdig ist; denn Makedonien ist zu klein für dich.‹«

die mitten in freier Natur in einem »Gärten des Midas« genannten Weinanbaugebiet lag. Dort blieb Aristoteles drei Jahre lang und unterrichtete Alexander und eine Gruppe gleichaltriger Königspagen. Die Jungen erhielten eine vorzügliche literarische Bildung, wobei sie neben Homer auch die klassischen attischen Tragiker und Herodot studierten, den »Vater der Geschichtsschreibung«. Sein Werk über die Perserkriege sollte die künftigen Eroberer Asiens noch nachhaltig beeinflussen. Unter Aristoteles' Anleitung beschäftigten sich Alexander und seine Mitschüler auch intensiv mit Geographie und den Naturwissenschaften, insbesondere mit Zoologie und Botanik, Gebiete, für die Alexander sein Leben lang Interesse zeigte. Überdies vermittelte Aristoteles seinen Schülern allerlei Kenntnisse im medizinischen Bereich, brachte ihnen verschiedene Behandlungsmethoden bei und zeigte ihnen, wie man Wunden versorgte.

Das Hauptaugenmerk aber richtete sich auf moralisch-ethische Themen. Aristoteles hielt seine Schüler zu Tüchtigkeit (*arete*) und Tugendhaftigkeit an, und diese Lehren schlugen sich bei Alexander

Eine schlagkräftige Kriegsmaschinerie

Die zwanzig Jahre während Regentschaft Philipps II. war eine Zeit ununterbrochener Kämpfe, während der sich Makedonien von einem unbedeutenden Staat an der Grenze zu Griechenland in eine Großmacht verwandelte, die ihre Vormachtstellung auf die gesamte Halbinsel ausdehnte. Der Grund für diese außerordentliche Entwicklung war ein stehendes Heer, das der König selbst ausbildete und höchst effizient reorganisierte, wobei er für ein Gleichgewicht zwischen den verschiedenen Abteilungen sorgte und sie aufeinander abstimmte. Das Herzstück der makedonischen Streitkräfte bildete

reiterei eine starke, schwer bewaffnete Infanterie zur Seite gestellt, die Phalanx der Pezhetairen oder »Gefährten zu Fuß«: Soldaten, die mit einer Rüstung und einer (bis zu fünf Meter langen) Lanze, der so genannten Sarisse, ausgerüstet waren und als geschlossener Block in den Kampf zogen. Dazu kam eine mobile Angriffstruppe, die Hypaspisten, die mit einem großen Schild und einer Stoßlanze bewaffnet waren. Außerdem gab es noch Bogenschützen und Schleuderer, die die Katapulte und Ballisten, schlagkräftige Kampfmittel auch über große Distanzen hinweg, bedienten.

Links: Die Lanzenspitzen wurden in dem Erdhügel über dem Grab Philipps II. entdeckt und sind heute im Archäologischen Museum von Thessaloniki zu sehen.

Unten: Eine Phalanx von Lanzenträgern in Angriffsformation (Rekonstruktion).

die mächtige Kavallerie, die sich traditionell aus den jungen adligen Männern des Königreichs rekrutierte, den Hetairen oder »Gefährten« des Königs. Diese Reiter besaßen weder Sattel noch Steigbügel (diese Ausrüstung war im Altertum unbekannt), trugen zum Schutz einen Helm und einen leichten Harnisch aus Metall oder Leder und waren mit einem Schwert oder einer langen Lanze bewaffnet. Auf Geheiß Philipps wurde der Hetairen-

in einer nicht zu unterdrückenden Sehnsucht *(pothos)* nieder, allen zu zeigen, dass er der Beste war. Den Biographen zufolge hegte Alexander eine grenzenlose Bewunderung und tiefe Zuneigung für den Philosophen, und an dessen Seite er sehr glückliche Momente erlebte, sicher auch deswegen, weil Aristoteles mit seinen vielseitigen Interessen seine unersättliche Neugier zu stillen vermochte.

Oben: Der Parthenon, der Tempel der Athena Parthenos, wurde 447 bis 432 v. Chr. auf der Akropolis von Athen errichtet und bildete das religiöse Zentrum der Stadt.

Rechte Seite: *Alexander und sein Gefährte Hephaistion auf Hirschjagd;* Mosaik aus einem Haus mit Peristylium im makedonischen Pella.

Plutarch

»Sooft die Nachricht kam, Philipp habe eine bedeutende Stadt erobert oder eine ruhmreiche Schlacht gewonnen, machte Alexander gar keine frohe Miene dazu, sondern sagte zu seinen Altersgenossen: ›Freunde, mein Vater nimmt mir noch alles vorweg. Er wird mir keine Gelegenheit mehr übriglassen, mit euch ein großes, glanzvolles Werk zu vollbringen.‹«

Neben der geistigen Erziehung des Prinzen kam aber auch die Erlangung praktischer Kenntnisse nicht zu kurz. Angesichts der Tatsache, dass Arrhidaios, Philipps zweiter Sohn, geistig zurückgeblieben war (es heißt, Olympias habe ihm einen Zaubertrank verabreicht), rief der König den jungen Alexander häufig zu sich und weihte ihn in die Geheimnisse der Politik und der Diplomatie ein.

Macht auszuüben war bei den Makedonen nicht leicht zu erlangen. Neben vielem anderen musste man mit großer Mannesstärke prahlen können, der Beste bei

der Jagd sein und das größte Durchhaltevermögen bei den kolossalen Trinkgelagen zeigen, bei denen der Wein, im Unterschied zu Griechenland, unverdünnt getrunken wurde.

Sicher zeigte sich der junge Prinz auch in diesen Dingen viel versprechend, denn als er erst sechzehn Jahre alt war, hielt ihn sein Vater für kompetent genug, um die Staatsgeschäfte in seiner Abwesenheit zu übernehmen, und ernannte ihn zu seinem Stellvertreter. Im Jahr 340 nahm Alexander, während Philipp gegen Byzantion (Byzanz) kämpfte, zum ersten Mal die Aufgaben des Königs wahr: Er empfing persische Gesandte und führte sogar eine Strafexpedition gegen die Thraker durch. Fortan stand er seinem Vater bei allen seinen Unternehmungen zur Seite.

DIE HEGEMONIE ÜBER GRIECHENLAND (340–338)

Mit einem Heer, das seinesgleichen suchte, und den wirtschaftlichen Ressourcen zu dessen Unterhalt, hatte Philipp das Fundament für seine Vorherrschaft über die hellenistische Welt gelegt. Seine Taktik bestand darin, dass er versuchte, die verschiedenen Stadtstaaten seiner politischen Einflusssphäre zuzuführen, ohne den Eindruck zu erwecken, ihnen ihre Autonomie nehmen zu wollen. Diese Strategie stieß jedoch auf den heftigen Widerstand jener griechischen Polisbewohner, die noch Hegemonialträumen nachhingen, allen voran die Athener. Auch wenn Athen nach dem unglücklichen Ausgang des Krieges gegen Sparta, welcher für lange Zeit seinem Expansionsstreben Einhalt gebot, schwer gestraft war, verlor es nichts von seiner unleugbaren Ausstrahlungskraft auf die anderen Städte. Innerhalb von Athens Stadtmauern arbeiteten

Die Schlacht von Chaironeia

Die Schlacht von Chaironeia war der letzte heroische Versuch seitens der Thebaner und Athener, sich vom politischen und militärischen Druck der Makedonen zu befreien. Im Sommer des Jahres 338 stießen die gegnerischen Truppen am Fluss Kephissos zusammen. Die Schlacht begann mit einem Angriff der athenischen Truppen, die den linken Flügel des griechischen Aufgebots bildeten. Das Vorrücken der Hopliten aus Athen, die sich noch vor Sonnenaufgang in Marsch gesetzt hatten, traf die Truppen Philipps anscheinend unvorbereitet, denn auf Befehl ihres Königs traten sie den Rückzug an. Doch ausgerechnet in diesem Augenblick verließen die Phalanx der Thebaner und ihre berühmte Heilige Schar, eine Eliteeinheit hoch motivierter Kämpfer, die geschworen hatten, lieber zu sterben als sich zu ergeben, ihre Stellungen auf den umliegenden Hügeln, was ziemlich unvorsichtig war, und stürzten sich ins Getümmel. Genau darauf hatten die Makedonen gewartet. In einem Blitzangriff überraschte die Hetairenreiterei unter der Führung des 18-jährigen Alexander die feindliche Infanterie, die wegen des unwegsamen Geländes nicht in geschlossenen Reihen marschierte, trieb die Soldaten auseinander und metzelte sie nieder. Daraufhin nahm Philipp seinen Rückzugsbefehl wieder zurück, stürmte mit seinem gesamten Aufgebot los und kreiste die Truppen der Thebaner und Athener ein, die Tausende von Männern verloren – Gefallene wie Gefangene. In wenigen Stunden hatten die Makedonen und Thessaler die alliierten Streitkräfte Griechenlands besiegt.

Oben: Pfeilspitze aus Bronze, datierbar auf das Jahr 348 v. Chr., dem Jahr der Belagerung von Olynth, auf der in erhabenen Lettern »Philippos« steht.

Rechts: Der monumentale Steinlöwe wurde zum Andenken an die 338 v. Chr. in der Schlacht von Chaironeia besiegten Athener und Thebaner errichtet, die versucht hatten, der makedonischen Machtausdehnung entgegenzuwirken.

nicht wenige an einer Wiederbelebung der alten See-
macht. Der klarsichtigste und entschiedenste Verfechter
dieses Nationalismus war der Redner Demosthenes.
Er hatte sofort die Bedrohung erkannt, die vom makedonischen König – den er persönlich immer noch für
einen Barbaren hielt – ausging und griff ihn in einer
Reihe leidenschaftlicher Reden, die später »philippische
Reden« genannt wurden, hart an. Demosthenes, der
seinen Mitbürgern ihre Tatenlosigkeit gegenüber dem
ehrgeizigen Monarchen vorwarf, vermochte die Athener nicht nur zu motivieren, wieder zu den Waffen
zu greifen, sondern auch dazu zu bringen, Allianzen
mit anderen Stadtstaaten zu bilden, sogar mit dem
verfeindeten Theben, dessen militärische Führungsrolle
sie allem Stolz zum Trotz akzeptierten. Angesichts
des drohenden Verlusts ihrer jahrhundertealten
Unabhängigkeit schloss sich ein Großteil der Griechen
zu einer breiten antimakedonischen Front zusammen.
Es kam unweigerlich zur Konfrontation, aber als die
veralteten Armeen der Söldner auf das wendigere und
modernere makedonische Heer mit seiner unschlag-
baren Kavallerie trafen, war nichts zu machen. In der
Ebene von Chaironeia, wo es im August 338 zur Ent-
scheidungsschlacht kam, mussten die Thebaner feststellen, dass ihre Waffen nicht mehr unschlagbar waren
und dass der legendäre Mut der Heiligen Schar, der
thebanischen Elitetruppe, gegenüber dem Ansturm der
Reiter, die der gerade 18 Jahre alte Alexander kom-
mandierte, so gut wie nichts mehr wert war. Am Abend
dieser entscheidenden Schlacht hatte Philipp erreicht,
was bisher niemandem gelungen war, weder den
griechischen Großmächten noch dem grenzenlosen

*Philipp von Makedonien ruft
sein Heer zum Kampf gegen
Dareios zusammen; Miniatur
aus einer türkischen Handschrift des 15. Jh. Sie gehört
zu den wenigen Darstellungen
in der islamischen Literatur,
die sich mit Alexanders
Kindheit und den Heldentaten
Philipps befassen.*

Plutarch

*»Den Berichten nach war seine Haut aber weiß, und
die weiße Farbe ging besonders auf der Brust und im
Gesicht etwas ins Rötliche über. Seine Haut roch
sehr angenehm, und von seinem Mund [...] ging ein
Wohlgeruch aus, [...] wie ich in den Aufzeichnungen
des Aristoxenos gelesen habe.«*

Persischen Reich: die eindeutige und völlige Herrschaft
über Griechenland.

Doch nun, da er der Sieger auf dem Schlachtfeld war,
musste der makedonische König Hellas auch mit den
Waffen der Diplomatie für sich gewinnen und beweisen, dass er kein Unterdrücker war, sondern der Garant des Allgemeinen Friedens *(Koine Eirene)*. Dieser
kam durch die Gründung eines neuen Staatenbundes
zustande, der nach dem Ort seines Abschlusses Korinthischer Bund genannt wurde. Dieser Bund, dem sich
die Spartaner, die sich abseits hielten, als einzige nicht
anschlossen, hatte vor allem einen militärischen –
defensiven wie offensiven – Charakter und sah einen
Bundesrat vor, in dem die verbündeten Stadtstaaten
proportional zum gestellten Truppenkontingent ver-

nahmen zur Sicherung seiner Herrschaft über Griechenland, vertrieb feindlich gesinnte Regenten und setzte Gefolgsleute an ihre Stelle, stationierte eigene Truppen an strategisch wichtigen Plätzen und richtete eine makedonische Garnison in Theben ein, um die Kontrolle über die Stadt zu behalten. Gegenüber Athen wiederum zeigte sich der König sehr großzügig, aber wohl nur, weil es für seine Pläne zweckdienlich war. Die attische Hauptstadt stand als Wiege der griechischen Kultur nicht nur in höchstem Ansehen bei all denjenigen, die sich wie die Makedonen als Griechen bezeichneten, sondern sie besaß nach wie vor die mächtigste Flotte in ganz Hellas – ein für die Realisierung der Pläne des Königs unverzichtbares Werkzeug. Aus diesen Gründen forderte Philipp nicht nur keine Reparationen, sondern er beeilte sich, sein Wohlwollen zu zeigen, indem er eine hochkarätige Delegation auf Freundschaftsmission nach Athen schickte, bestehend aus seinem Sohn Alexander und seinem alten Berater Antipatros, dem er die Aufgabe übertrug, die Asche der gefallenen Athener in die Heimat zurückzubringen. Ganz offensichtlich betrachtete Philipp seinen Sohn, der in der Schlacht von Chaironeia bereits großen Ruhm als Krieger und Feldherr erworben hatte, als einen fähigen und zuverlässigen Mitarbeiter. Und zweifellos beabsichtigte der ehrgeizige König auch, Alexander auf wichtige neue Verantwortlichkeiten im Rahmen dessen vorzubereiten, worüber er schon lange nachsann: ein Projekt, das der Größe seines Erfinders würdig sein würde. Nachdem jegliche politische und militärische Opposition in Griechenland eliminiert war, konnte Philipp II. sich aktiv für die Verwirklichung des Traumes einsetzen, den die griechischen Bundesgenossen schon seit Generationen träumten: gegen das Perserreich vorzumarschieren und es in einer Feldschlacht zu besiegen.

Die Rivalität zwischen Griechen und Persern hatte eine lange, jahrhundertealte Geschichte. Sie ging auf die Zeit zwischen 500 und 479 zurück, als beide Völker mehrere Kriege gegeneinander führten. Die Auseinandersetzungen endeten mit den Erfolgen der Athener bei Salamis und Platää, die die Unabhängigkeit von Hellas besiegelten; doch im Kollektivbewusstsein der

Oben: Zwei Wurfgeschosse aus Blei für Schleudern mit dem Kürzel von Philipp II. Sie wurden in den Trümmern der Stadt Olynth gefunden, die vom makedonischen König belagert wurde. Schleudern waren Störwaffen, die im Altertum häufig zur Anwendung kamen.

Rechte Seite, oben: Goldener Medusenkopf in Form einer Applike, die im Vorraum zum Grab Philipps II. in Vergina angebracht war, um Besucher zu erschrecken.

Unten: Vergina, Bodenmosaik und Ruinen des Königspalasts.

treten waren. Nominell wurde die Unabhängigkeit der einzelnen Mitglieder gewährleistet, und die Makedonen waren erst gar nicht im Bundesrat vertreten, allerdings fungierte Philipp als Oberbefehlshaber der gemeinsamen Streitkräfte auf Lebenszeit und erschien so als Hüter und Garant des Gleichgewichts innerhalb des Bundes. In Wirklichkeit aber besiegelte der makedonische König, allen Versicherungen zum Trotz, mit diesem Bündnis das Ende der Autonomie der griechischen Stadtstaaten, da alle im Einflussbereich Makedoniens lagen. Philipp ergriff in der Tat sofortige Maß-

Griechen war das Bedürfnis noch sehr lebendig, Rache zu üben für die erlittenen Zerstörungen; und der Wille, den griechischen Städten in Kleinasien, die den Persern unterstanden, die Freiheit zurückzugeben, war stark. Seit dem Ende der Perserkriege hatte Frieden zwischen den Persern und den griechischen Stadtstaaten geherrscht, auch wenn dies ein bewaffneter Friede war, der bisweilen durch Militärexpeditionen und -angriffe seitens einiger Städte wie Sparta oder Athen getrübt wurde. Bei verschiedenen Gelegenheiten hatten sie der Entsendung von Söldnertruppen zur Unterstützung von Potentaten oder führenden Beamten zugestimmt, die sich gegen die persische Zentralgewalt auflehnten. Die persischen Großkönige hatten ihrerseits nie aufgehört, sich für die inneren Angelegenheiten Griechenlands zu interessieren: Seit über einem Jahrhundert

unterstützten sie abwechselnd die eine oder die andere Polis, um zu verhindern, dass sich irgendeine gefährliche Hegemonialmacht herausbilden konnte. Zur Zeit Philipps war der so genannte »Königsfrieden« von 386 in Kraft, ein Friedensschluss, der die Fortsetzung des bestehenden Gleichgewichts sanktionierte, und so wesentlich zum Vorteil der Perser gereichte. In Asien beobachtete man schon seit einigen Jahren aufmerksam die makedonische Machtausdehnung, und es wurde sogar versucht, diese aufzuhalten, indem man die südlich gelegenen Stadtstaaten zum Widerstand aufhetzte. Der Redner Demosthenes beispielsweise bekam reichliche finanzielle Unterstützung durch den persischen Großkönig. Doch seit einiger Zeit verkomplizierte sich die Lage auf der anderen Seite der Ägäis. Es hatte einen großen Satrapenaufstand gegeben (Satrapen waren die Statthalter der

Griechen und Perser

Das Verhältnis zwischen Persern und Griechen war weitestgehend durch bewaffnete Auseinandersetzungen geprägt, in denen es um die Kontrolle der Ägäis und des östlichen Mittelmeerraumes ging. Ihre Rivalität begann um das Jahr 500, als die dem Perserreich einverleibten griechischen Städte Ioniens sich gegen den Unterdrücker zu erheben versuchten. Dafür, dass Athen die Aufständischen unterstützt hatte, schickte Großkönig Dareios I. zur Strafe ein mächtiges Expeditionskorps nach Griechenland, das jedoch die Athener unter Miltiades in der Schlacht von Marathon 490 besiegten. Um seinen Vater Dareios zu rächen, stellte Xerxes zehn Jahre später ein noch größeres Heer zusammen, das abermals in Griechenland einfiel. Diesmal traten den Invasoren die Heere verschiedener miteinander verbündeter Stadtstaaten entgegen. Doch die Perser konnten trotz des heroi-

schen Widerstands der Spartaner unter ihrem König Leonidas bei den Thermopylen bis Athen vordringen und die Stadt plündern. Ihr Sieg war aber nur von kurzer Dauer. Binnen kürzester Zeit konnten sich die Athener, die sich auf benachbarte Inseln geflüchtet hatten, neu formieren. Sie zerstörten unter Themistokles in der Schlacht bei Salamis die feindliche Flotte komplett. Ein Jahr später (479, in der Schlacht von Platää) musste auch das Heer des Großkönigs eine totale Niederlage hinnehmen. Somit konnte Griechenland seine politische Autonomie und Freiheit bewahren. Beides waren unabdingbare Voraussetzungen für die zivilisatorische und kulturelle Entwicklung des Landes.

Korinthischer Krieger,
Bronzestatue aus der Zeit um
500 v. Chr., Fundort: Dodona.

persischen Provinzen, der so genannten Satrapien), und in der turbulenten Folgezeit wurden der letzte Großkönig, Artaxerxes III. Ochos, und sein Sohn von einem Eunuchen ermordet.

Der geeignete Moment, um Philipps Pläne in die Tat umzusetzen, schien gekommen zu sein. Der makedonische König hatte leichtes Spiel, im Frühjahr 337 die Ratsversammlung des Korinthischen Bundes dazu zu bewegen, für den Krieg gegen die Perser zu stimmen. Die erste Phase des Feldzugs begann im Sommer des darauf folgenden Jahres: Nachdem die Perser einen Verbündeten der Makedonen, Hermias aus Atarneus, gefangen genommen und verurteilt hatten, fasste Philipp den Entschluss, ein Vorauskommando unter Führung der Feldherrn Attalos und Parmenion nach Kleinasien zu schicken, um einen Brückenkopf zu errichten. Er selbst wollte kurze Zeit später an der Spitze seines großen Heeres folgen. Aber das Schicksal wollte es anders.

Der Tod eines Souveräns (337–336)

Seit einigen Monaten hatte sich die königliche Dynastie der Argeaden in eine gefährliche Lage hineinmanövriert. Alles hatte in der Zeit der Kriegserklärung gegen die Perser begonnen, als Philipp, gerade 45-jährig, beschloss, eine neue Ehe einzugehen. Daran war zunächst nichts Außergewöhnliches: Ein makedonischer König musste um jeden Preis für eine große Nachkommenschaft sorgen, um die eigene Nachfolge zu sichern. Dies auch in Anbetracht der Tatsache, dass für Alexander, seinen Lieblingssohn, mit der bevorstehenden Militärkampagne enorme Risiken verbun-

den waren. Das Neuartige an der Situation aber war, dass die neue Königin im Unterschied zu den anderen Gemahlinnen Philipps, die mittlerweile zu alt waren, um noch Nachkommen zu haben, Makedonin war und einem der mächtigsten Clans des Königreichs

Links: Kostbare goldene Ohrringe feinster Machart aus einem frühzeitlichen Grab in Vergina.

Oben: Deckel eines Marmorsarkophags aus dem 4. Jh. v. Chr. mit liegendem Paar.

Linke Seite, oben: Der Blick von Philippi hinunter auf die weite makedonische Ebene.

entstammte. Die Auserwählte hieß Kleopatra, war noch sehr jung und die Nichte des Attalos, eines der einflussreichsten Männer am Hof. Ein Sohn aus dieser Ehe – ein »Vollblut-Makedone« – wäre in den traditionalistischen Kreisen sicherlich höher angesehen gewesen als der Sohn der eigensinnigen Fürstin aus Epirus.

Es scheint nicht gerade taktvoll, dass Attalos während des Hochzeitsgelages, auf die bevorstehende Geburt eines »legitimen Erben« anstoßen wollte und damit einen Zornesausbruch des cholerischen Alexander provozierte, der sich vom Rang des Thronfolgers auf die Stufe eines unehelichen Sohnes degradiert sah. Vermutlich konnte nur das Einschreiten Philipps den Jungen daran hindern, den alten Feldherrn zu töten. Innerhalb der Familie kam es zum Bruch. Olympias, die bis zu diesem Zeitpunkt als Mutter des Kronprinzen eine privilegierte Stellung unter den Frauen des Königs innehatte, zog sich voller Zorn in ihre Heimat Epirus zurück. Alexander begleitete sie, sorgte dafür, dass sie mit allen Ehren empfangen wurde, und tat vermutlich alles, um seine Mutter zu besänftigen, die versuchte, die gesamte Verwandtschaft zum Krieg gegen Philipp aufzustacheln. Durch Vermittlung eines griechischen Diplomaten versöhnten sich Vater und Sohn im folgenden Jahr zumindest formal wieder. Das Verhältnis zwischen beiden blieb aber gespannt, auch weil Kleopatra in der Zwischenzeit zwei Kinder zur Welt gebracht hatte, darunter einen Sohn.

Alexander, der seine Stellung am Hof immer unsicherer werden fühlte, versuchte an Ansehen zurückzugewinnen, indem er sich in laufende diplomatische Verhandlungen seines Vaters einschaltete. Letzterer hatte versucht, eine Heirat zwischen Arrhidaios und der Tochter des Persers Pixodaros, des mächtigen Satrapen von Karien, einzufädeln, den er als Verbündeten gewinnen wollte. Mit Hilfe einiger Freunde nahm Alexander geheime Verbindung auf und bot sich selbst anstelle seines Stiefbruders an mit dem Argument, er sei wohl eine bessere Partie als der unterbelichtete Arrhidaios. Als der König davon erfuhr, tadelte er seinen Sohn vor seinen Freunden und erniedrigte ihn so vor ihnen. Wie war es möglich, dass der potenzielle Thronfolger des Königreichs Makedonien sich so erniedrigte, dass er sogar die Tochter eines Untertanen des fremden Königs heiraten wollte? So erhielt Alexander eine sehr lehrreiche Lektion in Sachen Diplomatie, auch wenn sie nicht gerade dazu beitrug, das Verhältnis zwischen Vater und Sohn zu verbessern. Die Angelegenheit endete damit, dass sämtliche Hochzeitspläne annulliert und all diejenigen, die den Kronprinzen falsch beraten hatten, verbannt wurden. Gedemütigt, musste sich Alexander den väterlichen Entscheidungen beugen, aber man kann sich unschwer vorstellen, dass von da an die Autorität und sogar die Anwesenheit des Vaters ihm unerträglich geworden waren.

Kurz nach Beendigung dieser Affäre unternahm Philipp einen Versuch, sich mit dem Hof um Epiruszu versöhnen, indem er seine Tochter Kleopatra Olympias' Bruder zur Frau gab. Doch während der pompösen Hochzeitsfeierlichkeiten, kurz bevor er im Gefolge einer Prozession der zwölf Götter des Olymps in das Theater von Aigai, der alten Hauptstadt des Königreichs, feierlich einziehen wollte, wurde er von einem Leibwächter namens Pausanias niedergestochen. So starb – am Vorabend seiner größten Unternehmung und erst 47-jährig– der Mann, der Griechenland in eine neue Epoche geführt hatte.

Einigen Rekonstruktionen des Mordanschlags zufolge gestand Pausanias, er hätte sich zu dieser Tat entschlossen, nachdem er feststellen musste, dass der König keinerlei Absichten zeigte, Partei für ihn gegenüber Attalos zu ergreifen, der ihn zutiefst beleidigt hatte. Seine Aussagen konnten den Verdacht allerdings nicht

Rechts: Der goldene Köcher und die Beinschienen gehörten zur Ausrüstung Philipps II., die in Vergina gefunden wurde; die Aufnahme zeigt sie im Augenblick ihrer Entdeckung am Ausgrabungsort.

Unten: Der goldene Kranz aus Eichenblättern und Eicheln war über den verbrannten Überresten Philipps II. deponiert worden. Die Filigranarbeit ist die schwerste ihrer Art, die aus dem klassischen Altertum erhalten ist.

Rechte Seite, oben: Rückseite der Dreidrachme Alexanders des Großen mit Zeus auf dem Thron und der Inschrift »Basileos Alexandrou«.

gänzlich ausräumen, dass Olympias und Alexander selbst seine Auftraggeber waren. Olympias hätte in der Tat nicht nur das Temperament, sondern auch ein Motiv für den Gattenmord gehabt. Doch zur Tatzeit war sie weit weg – in Epirus – und dürfte schwerlich die Möglichkeit gehabt haben, die Verschwörung zu organisieren. Auch Alexander, der seine Aussichten schwinden sah, das väterliche Reich zu erben, hatte ein Motiv für den Vatermord, den er leicht hätte selbst durchführen können, da er ja selbst vor Ort war. Überdies war der Prinz selbst entschieden und erbarmungslos genug, um ein solches Vorhaben in die Tat umzusetzen. Verdächtig machte ihn darüberhinaus, dass Olympias seit geraumer Zeit nicht müde wurde, ihm einzuschärfen, dass er nicht der Sohn Philipps, sondern der einer Gottheit war, die ihn auf

wundersame Weise in Gestalt eines Blitzes oder einer Schlange gezeugt hatte. Eine solche Überzeugung vermochte sicher viele Skrupel wegzuwischen. Andererseits ist zu bedenken, dass für den jungen Prinzen die Zeiten nicht eben günstig waren, um die Nachfolge für sich zu reklamieren. Er hätte zweifellos bessere Chancen gehabt, wenn er es beispielsweise geschafft hätte, sich größeren militärischen Ruhm in Asien zu erwerben. Auch heißt es in der Literatur, dass ein Mord wie der an Philipp wohl kaum mit Alexanders genereller Aversion gegen jedwede Form von Verrat und Doppelspiel zu vereinbaren sei. Jedenfalls lässt sich heute, über zweitausend Jahre später, die Wahrheit über das Attentat nicht mehr rekonstruieren. Unsere Quellen, selbst die zuverlässigsten, bestätigen den Vatermord nicht, und so steht es uns bis heute nicht zu, ein endgültiges Urteil zu fällen.

ALEXANDER, KÖNIG VON MAKEDONIEN (336–334)

Die Umstände nach Philipps Tod zwangen Alexander zu schnellem Handeln. Es war klar, dass es schwierig für ihn werden würde, die Nachfolge für sich zu beanspruchen. Würden die Soldaten, die den starken und dominanten Charakter Philipps II. und das Gebaren des wuchtigen bärtigen Feldherrn mit dem zerschundenen Gesicht und dem von den vielen im Kampf erlittenen Wunden verunstalteten Körper gewohnt waren, einen kaum zwanzig Jahre alten Jüngling von zarter, fast weiblicher Schönheit und mit glatt rasiertem Gesicht als Kommandeur akzeptieren? Und würde er als der Sohn einer Fremden die Billigung der mächtigen makedonischen Aristokraten finden? Hätten sie nicht lieber dem Sohn Kleopatras, dem

Die Königsgräber von Vergina

Was 1977 an der Ausgrabungsstätte von Vergina zutage gefördert wurde, ist zweifellos die wichtigste archäologische Entdeckung, die auf makedonischem Boden gemacht wurde. Unter der Leitung des griechischen Archäologen Manolis Andronicos kamen während einer Reihe von Ausgrabungen drei Gräber aus der Zeit Alexanders zum Vorschein, von denen zwei, wie durch ein Wunder, vollkommen intakt waren. Die Funde bestätigten unter anderem, dass sich an der Stelle des heutigen Vergina einst Aigai, die kultische Hauptstadt der makedonischen Könige, befand. Es wurden signifikante Gegenstände gefunden, darunter eine zehn Kilo schwere goldene Truhe, geschmückt mit einem achtstrahligen Stern, die die sterblichen Überreste eines um die Mitte des 4. Jh. v. Chr. verstorbenen etwa vierzigjährigen Mannes enthielt. Es war eindeutig, dass es sich um die Grabstätte eines Königs handelte. Da Alexander in Ägypten beigesetzt wurde, kamen die meisten Historiker zu dem Schluss, dass es das Grab Philipps II. sein musste. Andere Wissenschaftler hingegen vertraten die These, dass es die Grabstätte von Arrhidaios sei, des Stiefbruders und Nachfolgers Alexanders.

Die Ausgrabungsstätte von Vergina mit ihren schwungvollen Fresken und ihren Fundstücken von unschätzbarem Wert – darunter eine kostbare, vollständig erhaltene Rüstung aus Helm und Beinschienen, die heute im Archäologischen Museum von Thessaloniki ausgestellt ist – liefert als eine der wichtigsten Quellen bedeutende Informationen über jene Kultur, auf deren Boden die Unternehmungen des makedonischen Eroberers heranreiften.

Die Urne aus massivem Gold mit den Löwenfüßen stammt aus dem Grab Philipps II. in Vergina und ist heute im Archäologischen Museum von Thessaloniki zu sehen.

Großneffen des Attalos, den Vorzug gegeben? Aber zum Glück für Alexander
weilte Attalos gerade in Kleinasien
und so konnte er ihm nicht den Weg
versperren. Es gab zwar noch andere Thronanwärter, doch Alexander und seine Mutter Olympias,
die nach der Nachricht vom Tod
ihres Gatten sofort nach Makedonien zurückgekehrt war, ließen ihnen
überhaupt keinen Handlungsspiel-
raum.

Mit der Unterstützung von Antipatros,
seinem betagten Gefährten auf der Athener Mission, und vermutlich auch der
Parmenions, der rechten Hand seines
Vaters, agierte der Prinz so, als bestünde
nicht der leiseste Zweifel an seiner Designation als
Thronfolger. In erster Linie kümmerte er sich um das
Begräbnis seines Vaters, der mit großem Aufwand in
Aigai eingeäschert und bestattet wurde; dann ordnete
er eine Untersuchung des Mordanschlags an. Umgehend wurden zwei mögliche Thronanwärtern der

Anstiftung bezichtigt und hingerichtet.
Nur wenig später wurde auch Alexanders Vetter Amyntas, als dessen
Vormund Philipp seinerzeit die
Herrschaft übernommen hatte,
verurteilt. Olympias ihrerseits
zögerte nicht lange und rächte
sich ausgiebig. Sie ließ die beiden Kinder aus der letzten Ehe
ihres Gatten ermorden und zwang
ihre Rivalin Kleopatra zum Selbst-
mord. An diesem Punkt musste auch
Attalos beseitigt werden, und so geschah
es – unter der fast völligen Teilnahms-
losigkeit seiner Freunde und Verwandten. Von den potenziellen Thronerben
blieb nur Arrhidaios, Alexanders schwach-
sinniger Stiefbruder, verschont. Vermutlich überlebte
er, weil sein Gesundheitszustand ihn ungefährlich
machte. Am Ende dieser Kraftprobe bekam Alexander
ohne Schwierigkeit, die offizielle Anerkennung des
Heeres. Auf Ersuchen des Antipatros versammelten
sich die Veteranen Philipps und wählten gemäß alter

Oben: Alexanderkopf,
gefunden 1886 in der Nähe
des Erechtheions in Athen.

Links: Statuette eines jungen
makedonischen Reiters, der
die Chlamys, den kurzen
Überwurf der Krieger, trägt.
Das Werk wird auf die spät-
hellenistische Epoche, also die
Zeit um 350 n. Chr. datiert
und wird in der Nähe seines
Fundorts im Museum Pella
aufbewahrt.

Rechte Seite, oben: Die
Ruinen von Korinth, wo ab
338 v. Chr. die panhellenische
Bundesversammlung tagte.

Unten: Silberamphore aus
dem Grab Philipps II. in
Vergina. Die Köpfe unterhalb
der Henkel stellen Herakles
und Alexander dar.

Sitte per Zuruf den neuen König. Die makedonischen Adligen, von denen der größte Widerstand zu erwarten gewesen war, gaben an diesem Punkt auch deswegen auf, weil Alexander sie geschickt davon überzeugen konnte, dass lediglich der Name des Monarchen sich änderte und ihre Privilegien unangetastet blieben. Außerhalb der Landesgrenzen verhielten sich die Dinge jedoch anders. Sowohl im Norden, bei den Illyrern und Thrakern, als auch im Süden, in Griechenland, nährte die Nachricht vom Tod Philipps II. bei allen unterworfenen Völkern und Stadtstaaten die Hoffnung auf die Wiedererlangung ihrer Autonomie. Unermüdlich versuchte Demosthenes in Athen seine Mitbürger davon zu überzeugen, dass der Nachfolger Philipps nur ein schwacher Jüngling war und daher keine Gefahr darstellte. Sogar die Thessaler, die ältesten Verbündeten von Alexanders Vater in der Region, missachteten die geltenden Vereinbarungen und blockierten mit Waffengewalt die Pässe zwischen ihrem Land und Makedonien. Alexander reagierte prompt und entschieden. Er ließ seine Pioniere einen Pass durch eine als unbegehbar geltende Gebirgsregion bauen und fiel den Thessalern unerwartet in den Rücken. Solchermaßen überrascht, beeilten diese sich, den neuen König anzuerkennen und stellten ihm ihre hervorragende Kavallerie zur Verfügung. Danach rückte Alexander in das übrige Griechenland ein und konnte binnen kürzester Zeit die makedonische Herrschaft konsolidieren. Der junge König wurde als Hegemon des Korinthischen Bundes bestätigt, mit allen Vorrechten des Vaters, einschließlich des Mandats, den Feldzug nach Asien durchzuführen. Darüber hinaus brachten ihm sämtliche griechische Stadtstaaten ihre Huldigung entgegen, auch Athen, wo Demosthenes abermals verbittert zusehen musste, wie seine Hoffnungen zunichte gemacht wurden. Den Überlieferungen der Biographen zufolge gab es in ganz Griechenland nur einen einzigen Menschen, der den Ehrgeiz des neuen Monarchen richtig einzuordnen wusste: der Kyniker Diogenes, ein eigenwilliger Mann, der beschlossen hatte, ganz auf materielle Güter zu verzichten, und zeitweise sogar in einem alten Fass lebte. Alexander wollte ihn unbedingt sehen, und als er ihn traf, fragte er, was er für ihn tun könne. Wahrscheinlich erwartete der junge König, dass der verschrobene Bettler irgendeinen überzogenen Wunsch vorbrachte. Indes bat der Philosoph ihn schlicht darum, er möge einen Schritt zur Seite treten, da er die Sonne verdecke. Den Biographen zufolge reagierte Alexander mit Humor auf diese Anweisung und sagte, dass es ihm, wäre er nicht Alexander, gefallen würde Diogenes zu sein. Obwohl es schwer fällt zu glauben, dass die Dinge sich genau so zutrugen, gehört diese berühmte Anekdote zu jenen Geschichten, die die Phantasie der Historiker, Philosophen und Künstler am meisten beflügelt haben.

Sie wirft schließlich ein viel sagendes Licht auf die zwei Protagonisten.

Da die Lage im Süden geklärt war, beeilte sich der König in die nördlichen Gebiete zurückzukehren, wo die barbarischen Stämme meinten, das Joch abgeschüttelt zu haben, in das sie Philipp gespannt hatte. Sein erstes Ziel war der stolze Stamm der Triballer, ein thrakisches Volk, das die Grenzen des Königreichs unmittelbar bedrohte. Alexander ließ Antipatros als Statthalter in der makedonischen Hauptstadt zurück und marschierte an der Spitze eines ansehnlichen Heeres gegen den Feind. Dabei konnte er auch auf die Unterstützung einer kleinen Kriegsflotte bauen, die die Order hatte, den Fluss Istros (die heutige Donau) hinaufzusegeln. Es war das erste Mal, dass Alexander ganz und gar auf eigene Faust handelte, ohne die Unterstützung eines der zuverlässigen Berater seines Vaters. Der Jüngling zeigte prompt, dass er vollkommen in

Das heute im Louvre in Paris ausgestellte Marmorrelief gibt die Begegnung von Alexander dem Großen und Diogenes aus der Sicht des französischen Bildhauers Pierre Puget (1620–1694) wieder.

Rechts: Die Applike aus vergoldetem Silber stellt einen mit einer Lanze bewaffneten thrakischen Reiter dar.

Unten: Kamee aus spätantiker Zeit, gefertigt aus Achat aus Kalchedon, mit der Büste Alexanders, der hier nach rechts blickend im Profil dargestellt ist.

der Lage war, mit der komplexen Kriegsmaschinerie umzugehen, die sein Vater aufgebaut hatte. Zuerst musste Alexander den feindlichen Widerstand in den Gebirgsregionen des mittleren Balkan überwinden. Die Triballer hatten sich in einem engen Tal verschanzt, geschützt von einer Reihe von Wagen, die sowohl eine defensive wie eine offensive Funktion hatten. Da kein Platz war, um sie zu umzingeln, ging Alexander zum Angriff über und wies seine schildbewehrten Phalanxsoldaten an, die Reihen zu öffnen, sobald die Wagen der Triballer gegen sie anrollten, sich auf den Boden zu legen und sich mit ihrem großen Schild zu bedecken. Auf diese Weise gelang es den makedonischen Soldaten, Verluste zu vermeiden und die Stellung zu erobern. Doch damit war der Krieg nicht vorbei, denn die Feinde hatten sich in die Wälder geflüchtet. Um sie von dort wegzulocken, schickte Alexander Bogenschützen und Schleuderer vor und griff sie dann mit seinen Reitern und Infanteristen an. Die Triballer wurden bis zum Istros zurückgedrängt, ihr König aber flüchtete mit seinem Gefolge auf eine Insel, die vom Ufer aus von einer Reitertruppe geschützt wurde. Da die Anzahl der Schiffe, die den Fluss hinaufgesegelt waren, zu klein war, um einen ordentlichen Angriff durchzuführen, ließ Alexander mit den Fellen der Zelte und Stroh eine Reihe von Flößen bauen. Mit diesem Notbehelf schafften es die Makedonen, den Istros zu passieren. Die Aktion fand mitten in der Nacht statt, und am Morgen waren die Makedonen imstande, mit ihrem gesamten Aufgebot einen Überraschungsangriff vorzutragen, vor dem die Feinde kapitulierten. Die Triballer und die anderen thrakischen Stämme unterstellten sich Alexanders Oberbefehl und nahmen fortan als Verbündete am Asienfeldzug teil. Seit Beginn der Militärkampagne hatte sich der König indes die Unterstützung und Loyalität eines weiteren Stammes gesichert, dem der

Links: Die Statue des Dichters Pindar aus Kalkstein befindet sich in Memphis in der Exedra des Serapeions.

Wenige Wochen nach dem Thrakienfeldzug sahen sich die Makedonen erneut in Kämpfe verwickelt, diesmal gegen die Illyrer und Taulantier in den westlich an Makedonien angrenzenden Sumpfgebieten. Auch diese Gegner waren kampfesfreudige und standhafte Krieger, und Alexander hatte nicht wenig Mühe, sie zu unterwerfen. Während der Belagerung der Festung Pelion, in der sich der König der Illyrer verschanzt hatte, wurde der makedonische König seinerseits durch die Taulantier eingekesselt, und nur mit dem Mut der Verzweiflung konnte er schließlich in einer großen Schlacht, die im Spätsommer 335 stattfand, die Umzingelung durchbrechen. Doch die Siegesfreude währte nicht lange, denn schon wenig später erreichten Alexander besorgniserregende Nachrichten. Die makedonische Herrschaft in Griechenland drohte zusammenzubrechen, nachdem dort das Gerücht die Runde gemacht hatte, der junge König sei in der Schlacht gefallen. Die Thebaner hatten die von Philipp eingerichtete makedonische Garnison angegriffen, und Athen rüstete, aufgestachelt durch Demosthenes und mit finanzieller Unterstützung der Perser, wieder auf. Alexander verlor keine Zeit und zog in Eilmärschen in nur dreizehn Tagen nach Mittelgriechenland, so dass seinen Feinden Hören und Sehen verging. Als er nach Theben kam, wo man sich darauf vorbereitete, bis zum Äußersten Widerstand zu leisten, forderte er die Stadt vergeblich auf, sich zu ergeben. Daraufhin gab er den Befehl, die Stadt im Sturm einzunehmen. Doch erst als er ein anscheinend unverteidigtes Tor erspähte und seinen Offizier Perdikkas mit ausgewählten Truppen in die Stadt schickte, konnte er die Verteidigungsanlagen restlos erobern. Bei den Zusammenstößen floss viel

Agrianen. Die Agrianen waren ein Bergvolk, das nahe der Nordgrenze Makedoniens ansässig war. Ihre unerschrockenen Kampftruppen waren mit Wurfspießen ausgerüstet und auf Angriffe und Blitzüberfälle spezialisiert. Auch diese Krieger folgten unter der Führung ihres Königs Alexander in allen seinen Unternehmungen und spielen in manch heiklen Situationen noch eine entscheidende Rolle.

Plutarch

»Daraufhin marschierte er [...] mit seinem Heer durch die Thermopylen. Er sagte, Demosthenes habe ihn, solange er bei den Illyrern und Triballern war, einen Knaben, als er in Thessalien war, einen jungen Burschen genannt. Jetzt wolle er ihm vor den Mauern von Athen zeigen, dass er ein Mann sei.«

Blut, über 6.000 Thebaner verloren ihr Leben; doch das Schlimmste kam erst noch. Geschickt hatte Alexander die Entscheidung über das weitere Los der Aufständischen den Vertretern der mit Theben verfeindeten griechischen Stadtstaaten übertragen, und diese zeigten sich überaus grausam und rachsüchtig. Die Stadt wurde dem Erdboden gleichgemacht und über 30.000 Thebaner wurden in die Sklaverei verkauft. Nur die Priesterschaft, die Sympathisanten der Makedonen und die Nachkommen des Dichters Pindar, der 150 Jahre zuvor Gesänge zu Ehren der Makedonen verfasst hatte, blieben auf Befehl des Königs verschont. Noch eine weitere Anekdote, die in den Berichten über die Einnahme von Theben erwähnt wird, scheint zu belegen, dass Alexander, bei aller Grausamkeit, auch Milde walten ließ. Nach dem Ende der Belagerung wurde eine Frau vor ihn geführt, die man beschuldigte, den Anführer der thrakischen Verbündeten ermordet zu haben. Die Gefangene hieß Timokleia und war die Schwester des in Chaironeia gefallenen Feldherrn Theagenes. Sie erklärte dem König, dass sie den Mann ermordete, weil er sich an ihr verging. Alexander, der, wie alle Biographen berichten, Frauen gegenüber immer großen Respekt zeigte, gab Befehl, die unerschrockene Thebanerin und ihre gesamte Familie freizulassen.

Nachdem die Thebenfrage gelöst war, galt es, eine Entscheidung im Hinblick auf Athen und all diejenigen Stadtstaaten, die mit den thebanischen Aufständischen sympathisiert hatten, zu treffen. In Anbetracht der Tatsache, dass keine von ihnen die Zeit gehabt hatte, den Aufstand aktiv zu unterstützen, und die meisten unter ihnen, darunter namentlich Athen, sich beeilt hatten, ihn zu seinem Sieg zu beglückwünschen, ließ der König diplomatische Rücksicht walten und beschloss, keine ernsthaften Vergeltungsmaßnahmen zu ergreifen. Einmal mehr kam die Hauptstadt Attikas glimpflich davon, obwohl sie einer der wichtigsten Unterstützer des Aufstands war. Die Athener hatten indes begriffen, dass sich das Blatt zugunsten der Makedonen gewendet hatte; so vermieden sie fortan tunlichst, Alexander offen herauszufordern und seinen Zorn zu erregen. Der König seinerseits hatte bekommen, was er wollte. Sowohl die Strenge, die er gegenüber Theben walten ließ, als auch die Mäßigung, die er danach an den Tag legte, brachten ihm die Achtung und die Anerkennung der gesamten Poliswelt ein. Doch nun, nachdem er bei den Thrakern, den Illyrern und vor allem den Griechen jeden Zweifel an seiner Tüchtigkeit beseitigt hatte, wollte er sich der größten Herausforderung stellen: dem Feldzug nach Asien.

Auch hier war Eile geboten. Ein kleines Expeditionskorps unter der Führung Parmenions hatte in Magnesia am Mäander im Kampf gegen das persische Heer, das ein griechischer Söldner namens Memnon befehligte, eine Niederlage erlitten, und wenn nicht schnell Hilfe kam, würden die Makedonen ihren Brückenkopf auf der gegenüberliegenden Ägäisküste verlieren.

Die Vorbereitungen für den Feldzug zogen sich den ganzen Winter des Jahres 335/334 hin. Nachdem er Antipatros, seinem Stellvertreter in Makedonien, ein Truppenkontingent zugesichert hatte, das groß genug war, um die Kontrolle über die europäischen Territorien zu gewährleisten, zog Alexander ein Heer aus circa 38.000 Mann zusammen. Das Herzstück der Streitkräfte bildeten natürlich die Makedonen: insgesamt über 14.000 Mann, darunter 1.200 Hetairenreiter (in vier Schwadronen), 9.000 Pezhetairen und 3.000 Hypaspisten. Dazu kamen die Kontingente der griechischen Alliierten, 1.200 thessalische Reiter, einige Hundert Thraker und Paionier, die als Aufklärer fungierten, und an die 6.000 Angehörige verbündeter Balkanvölker, Agrianen, Illyrer und andere. Zu diesen reinen Kampfeinheiten kamen noch Geschütz- und Belagerungsspezialisten, Kanzleibeamte und Kartographen, Köche und Lakaien hinzu, ohne die Ärzte, Wissenschaftler, Künstler und Seher zu vergessen. Ein bunt gemischter Tross, der auch während des Feldzuges das reibungslose Funktionieren der Verwaltung und des Hofes zu gewährleisten hatte. Mit diesem Aufgebot, das eher kümmerlich als überproportioniert war, nahm sich Alexander vor, das größte Reich, von dem die Griechen jemals Kenntnis gehabt hatten, in die Knie zu zwingen.

Links: Das Fresko eines in Lefkadia (Makedonien) entdeckten Grabes zeigt die typische Ausrüstung eines makedonischen Kriegers: der runde Schild, Schwert, Helm und Beinschienen.

Rechte Seite, oben: Die Ausdehnung des Achaimenidenreiches zur Zeit Dareios' I.

Ein überdimensioniertes und fragiles Reich

Zur Zeit Philipps II. umfasste das Persische Reich ein riesiges Gebiet, das sich über circa 4.000 Kilometer von Ägypten bis zum Indus erstreckte. Dazu gehörten die unterschiedlichsten geographischen Regionen: die fruchtbaren Täler des Nils und Mesopotamiens, die Sandwüsten Libyens und der iranischen Hochebene, die Mittelmeerküste und die Berge des Hindukusch und des Kaukasus. Verwaltungstechnisch war es in rund zwanzig Satrapien unterteilt, deren Hauptstädte untereinander durch Königsstraßen verbunden waren: ein effizientes Straßennetz, das schnelle Verbindungen sicherte. Auch wenn die Unterwerfung dieser Territorien in vielen Fällen bereits über 200 Jahre zurücklag, beruhte die Einheit des Reiches lediglich auf der Anwesenheit der persischen Beamten. In der Tat verständigten sich die unterworfenen Völker weiterhin in ihrer jeweiligen Sprache und gingen ihren eigenen Religionen nach, bisweilen träumten sie auch von der Unabhängigkeit und es brachen offene Rebellionen aus. Das Symbol der Einheit des Reiches war der Großkönig, dem sämtliche Völkerschaften Steuern entrichteten und Huldigungen darbrachten, indem sie einmal im Jahr ihre Vertreter zum Königspalast in Persepolis entsandten. Seit den Siegen in den Kriegen des 5. Jh. v. Chr. jedoch hatte das Persische Reich in den Augen der Griechen an Prestige verloren. Seit geraumer Zeit war man zu der Ansicht gelangt, dass es möglich wäre, die Großmacht trotz der finanziellen Ressourcen des Großkönigs und seines enormen militärischen Potenzials zu zerschlagen.

Ausschnitt aus dem Relieffries an der östlichen Freitreppe der Apadana (Empfangshalle) in Persepolis.

DER EROBERUNGS-ZUG

Ein gerade 20-jähriger Souverän unternimmt mit ein paar 1.000 Männern eine noch nie da gewesene Expedition zur Eroberung eines riesigen Reiches, das eine nahezu unzählige Masse an Kriegern aufbieten kann.

DIE ERSTEN SCHLACHTEN (334–333)

Der Asienzug begann im Frühjahr 334. Alexander standen einige der ältesten Vertrautensmänner seines Vaters zur Seite, darunter Antigonos, der Kommandeur der griechischen Verbündeten, und Parmenion, der die Vorhut befehligt hatte. Dann waren da noch die Altersgenossen, von denen einige in der Schule des Aristoteles mit ihm groß geworden waren: Hephaistion, Nearchos, Krateros, Ptolemaios, Seleukos und Perdikkas. Philotas, Parmenions Sohn, befehligte die Hetairenreiterei, und Kleitos, der Bruder der Amme Alexanders, war Chef der renommierten Königsschwadron. Mit dem Heer zog eine ansehnliche Anzahl von Zivilisten mit, zu denen Harpalos, der Schatzmeister, Eumenes, der Leiter der königlichen Kanzlei, der Wahrsager Aristandros und der Historiker Kallisthenes gehörten, ein Vetter von Aristoteles, der eine Chronik der Expedition verfassen sollte. Olympias verabschiedete sich von ihrem Sohn, den sie nie wieder sehen würde, und erinnerte ihn noch einmal an das »göttliche Mysterium« seiner Geburt. Alexander verließ die Hauptstadt ohne Bedauern. Er bemühte sich auch nicht, die Vorkehrungen zu treffen, die ihm die Höflinge anrieten. So lehnte er es ab, sich zu verheiraten und einen Thronfolger zu zeugen. Diese Maßnahme wäre für das Wohl der Dynastie dringend geboten gewesen, wenn man bedenkt, welchen Gefahren sich der König aussetzte. Ihm war vielmehr daran gelegen, öffentlich seine Großzügigkeit und Entschlossenheit, alles hinter sich zu lassen, bekannt zu machen, indem er Freunden und Anhängern den Großteil seiner Besitztümer überließ. Als Perdikkas, der Offizier, der den Angriff auf Theben befehligt hatte, ihn fragte, was er denn für sich behalten wolle, antwortete der König stolz, dass ihm die Hoffnung bliebe.

Das Heer zog durch Thrakien und schlug damit den entgegengesetzten Weg ein, den die Perser zur Zeit ihrer Eroberungen gegangen waren. Es sammelte sich am Hellespont, wo an die 160 griechische Kriegsschiffe

Plutarch

»Er war von Natur aus wissbegierig und ein leidenschaftlicher Leser. Die Ilias sah er als ein Lehrbuch der Kriegskunst an [...].
Er hatte eine von Aristoteles verbesserte Ausgabe bei sich, [...] und diese hatte er immer neben seinem Schwert unter dem Kopfkissen liegen«.

warteten. Parmenion sollte die Überquerung der Meerenge organisieren, während Alexander persönlich das Kommando über die königliche Flotte übernahm und Kurs auf Kleinasien nahm. Dabei verrichtete er rituelle Handlungen, die einen günstigen Einfluss auf die Unternehmung haben sollten. Als er den Hellespont zur Hälfte überquert hatte, opferte er dem Meergott Poseidon einen Stier und brachte den Nereiden Trankopfer dar; als das Schiff sich der asiatischen Küste näherte, warf er einen Speer in den Boden des Perserreiches und erklärte damit das Land als »speererworben«, also nach dem Recht des Krieges dem Sieger zustehend. Das war eine sehr aufschlussreiche symbolische Geste. Obwohl er offiziell der Anführer einer Strafexpedition war, die die Aufgabe hatte, Rache zu üben für die Schäden und Zerstörungen, die die Heerscharen des Dareios und des Xerxes angerichtet hatten, und dem persischen Einfluss in Hellas Einhalt zu gebieten, ließ Alexander auf diese Weise zum ersten Mal durchblicken, welche Ziele er eigentlich verfolgte. Ziele, die gewiss viel weiter gingen als alles, was sich selbst die

kühnsten unter seinen Gefährten zu diesem Zeitpunkt vorzustellen wagten.

Aber noch ein anderer, ausgesprochen literarischer Aspekt übte eine enorme Anziehungskraft auf die Persönlichkeit des jungen Heerführers aus. Alles in dieser Region, in der er an Land gegangen war, rief die Erinnerung an die mythologischen Unternehmungen wach, von denen Homer berichtet. Genau auf diesen Stränden hatten die Schiffe der Achaier aufgesetzt,

Alexander und Homer

Alexander besaß nicht nur handfeste intellektuelle Fähigkeiten, er stand auch – wie viele Forscher deutlich herausgestellt haben – unter starkem Einfluss der antiken Mythen. Fast schien es, als lebte er inmitten dieser Welt der Götter und Helden, wie sie der Dichter Homer beschreibt. Die Lektüre der Ilias und der Odyssee gehörte zum Grundstock der Ausbildung eines jeden griechischen Jünglings aus besseren Kreisen. Auch im makedonischen Heer fanden sich nicht wenige, die lange Passagen aus Homers Werken auswendig konnten. Für Alexander aber bedeutete die Ilias noch mehr: Etwas, das seine Phantasie mehr als alles andere beflügelte, seinen Glauben anfachte, und ihm einen eindeutigen Verhaltenskodex auferlegte. Ein von Aristoteles kommentiertes Exemplar von Homers Heldengedicht hütete der König wie das kostbarste von all seinen Gütern – ohne Frage hätte es seinen Platz im teuersten aller vom Feind erbeuteten Schmuckkasten finden müssen. Die Figur des Achilles, eines jungen, leidenschaftlichen Helden, den Alexander aufgrund von (nicht nachzuweisenden) Verwandtschaftsverhältnissen als seinen Urahnen betrachtete, galt ihm stets als ein Vorbild, dem er es gleichtun wollte und mit dem er sich maß. Am Ende teilten der legendäre Held und der große Eroberer sogar das gleiche Schicksal: Sie hatten beide ein ruhmreiches, aber kurzes Leben geführt.

Unten: *Die Apotheose Homers*, Gemälde von Jean Auguste Dominique Ingres, entstanden zwischen 1826 und 1827 (Paris, Louvre).

Oben: Das Bildnis Homers wird in den Vatikanischen Sammlungen aufbewahrt.

Der makedonische König, der sich als Erbe und Nach-folger der antiken Krieger sah, hatte das Bedürfnis, sein Abenteuer mit einer Pilgerfahrt zu beginnen, die ihn an die Orte führte, wo Achilles Ruhm geerntet und schließlich den Tod gefunden hatte. Am Grab des Helden legte er zu Ehren seines Vorfahren einen Kranz nieder und lief, wie es die Sitte der Athleten war, nackt und mit Öl gesalbt um die Grabstätte; unterdessen vollführte sein Freund Hephaistion dasselbe Ritual am Grab des Patroklos. Der letzte Besuch des Königs galt dem Tempel der Athene in Troja. Hier weihte Alexander der Göttin seine Rüstung und bekam dafür von den Priestern einige kostbare Reliquien aus dem sagenumwobenen Krieg ausgehändigt, darunter einen bebilderten Schild, den er angeblich auf all seinen Feldzügen dabeihatte. Der König schloss sich erst wie-der seinem Heer an, nachdem er alle Beschwörungs-rituale vollzogen hatte, die eine Verbindung zwischen der Welt des Mythos und der subjektiv erlebten Ge-schichte herstellen sollten.

um die entführte Helena zurückzuholen und Troja zu zerstören. In den Ebenen der Umgebung hatten die Schlachten stattgefunden, die in der *Ilias* besungen werden.

Oben: Schwarzfigurige Vase aus Attika, die frühen Wein enthielt (Mitte 6. Jh. v. Chr.). Dargestellt ist Aias, der den leblosen Körper des Patroklos mit den Waffen des Achilles in Sicherheit bringt.

Rechts: Wandverkleidung aus glasierten Ziegeln aus dem Palast von Dareios I. in Susa (5. Jh. v. Chr.); dargestellt sind Bogenschützen der Palastgarde.

Unterdessen bot die schwierige Lage des Expeditionskorps Anlass zur Sorge: Alexanders Abschiedsgeschenke und die Kosten der vorangegangenen Feldzüge hatten die Staatskasse schwer geplündert. Außerdem war die Hälfte der Vorräte bereits vertilgt. Um für Nachschub zu sorgen, mussten dringend Eroberungen durchgeführt und Kriegsbeute gemacht werden. Die Lösung des Problems hing aber im Wesentlichen davon ab, wie schnell es Alexander gelingen würde, in die zentral gelegenen Regionen des Perserreichs vorzudrin

gen und sich ihrer sagenhaften Schätze zu bemächtigen.

Doch die Perser waren nicht gewillt, den Vorstoß der Aggressoren widerstandslos hinzunehmen. Nach einer Phase politischer Wirren und Intrigen hatte in Persepolis ein neuer, energischer Monarch den Thron bestiegen: Dareios III. Kodomannos, der einer Nebenlinie der Dynastie der Achaimeniden entstammte. Seine Machtposition schien gefestigter als die seiner unmittelbaren Vorgänger, und da er nicht im Geringsten gewillt war, sein gigantisches Reich kampflos abzugeben, ergriff er bereits die entsprechenden Gegenmaßnahmen. Die Flotte des Großkönigs, die viel schlagkräftiger war als die Alexanders, hatte die Invasoren zwar nicht abfangen können, doch die asiatischen Generäle mobilisierten bereits neue Kräfte, um den Feind zur See zurückdrängen zu können. Unter den Befehlshabern herrschte allerdings wenig Einigkeit über die Vorgehensweise. Der Mann, der bis dahin die Truppen des Großkönigs mit Erfolg angeführt hatte, Memnon aus Rhodos, der griechische General im Dienste der Perser, kannte die Schlagkraft der makedonischen Truppen gut und plädierte für eine Eindämmungstaktik. Er schlug vor, sämtliche Ernten und andere Vorräte rund um die Operationsbasis Alexanders zu vernichten, um ihn so an einem weiteren Vormarsch zu hindern.

Rechts oben: Vorder- und Rückseite eines Dareikos, der persischen Goldmünze des 5. und 4. Jh. v. Chr.; sie zeigt den Großkönig in der Aufmachung eines Heerführers, ausgerüstet mit Lanze und Bogen.

Unten: Der Großkönig mit zwei Dienern, die einen Sonnenschirm halten; Relief an einem der Torbauten der Palastruine von Persepolis (Iran).

Rechte Seite, oben: Griff eines Paradeschwertes aus der Achaimeniden-Zeit (Teheran, Archäologisches Museum).

Unten: *Alexander überquert den Granikos,* Radierung von Antonio Tempesta aus dem Jahr 1608

Plutarch

»Und er stürzte sich an der Spitze von 13 Reiterschwadronen in den Fluss. [...] er war leicht zu erkennen an seinem Schild und seinem Helmbusch, der auf beiden Seiten eine auffallend lange weiße Feder trug.«

Aber eine solche Strategie der verbrannte Erde stand im Widerspruch zu den Vorstellungen der kriegerischen Satrapen der Region, die sich als Beschützer der Reichsprovinzen begriffen. Sie beharrten auf einer offenen Feldschlacht und waren sich ob des leicht davonzutragenden Sieges so sicher, dass sie Dareios davon überzeugen konnten, wie unnötig eine Generalmobilmachung war. Memnon aber, der ein Ausländer war, und obendrein einer, der aus demselben Land stammte wie die Invasoren, konnte leicht des Landesverrats verdächtigt werden, und so beugte er sich ihrer Entscheidung. Die Schlacht fand Anfang Mai 334 am Fluss Granikos statt, wo die Truppenkontingente der kleinasiatischen Satrapien die Griechen erwarteten, die am rechten Steilufer Stellung bezogen. Es war das einzige Mal während des gesamten Asienzuges, dass die Griechen zahlenmäßig leicht überlegen waren, wobei der Feind wiederum den Vorteil einer weitaus besseren Stellung hatte. Die Bedingungen waren außerdem dadurch erschwert, dass die Invasoren erst am Spätnachmittag das Schlachtfeld erreichten. Alexander lehnte dennoch Parmenions Vorschlag ab, an Ort und Stelle zu lagern und erst am nächsten Morgen anzugreifen. Auf diese Weise konnten die makedonischen Truppen unter der Führung ihres beherzten jungen Königs, der ohne jede Vorsicht dem Feind persönlich entgegentrat und mehrmals sein Leben riskierte, ihren ersten Sieg verbuchen.

Die panhellenische Dimension dieses Ereignisses machte Alexander auf grausame Weise deutlich: Er ließ alle griechischen Söldner, die auf der gegnerischen Seite gekämpft hatten, ermorden, denn sie galten als Verräter der gemeinsamen Sache. Die wenigen Überlebenden wurden in die makedonischen und thrakischen Bergwerke zur Zwangsarbeit geschickt. Darüber hinaus wollte der makedonische König seinen Triumph aber auch konkret fassbar machen, und so stiftete er dem Parthenon auf der Athener Akropolis 300 Rüstungen, die erbeutet worden waren. Der Gabe war eine Widmung beigelegt, die da lautete: »Alexander, der Sohn Philipps, und die Griechen, außer den Lakedaimoniern, von den in Asien wohnenden Barbaren«. Ein Sieg also, der alle Bewohner von Hellas vereinte, mit Ausnahme der dünkelhaften Spartaner, die in keiner Weise am Krieg teilgenommen hatten. Damit war der erste Teil des Racheaktes vollbracht und weitestgehend publik gemacht worden.

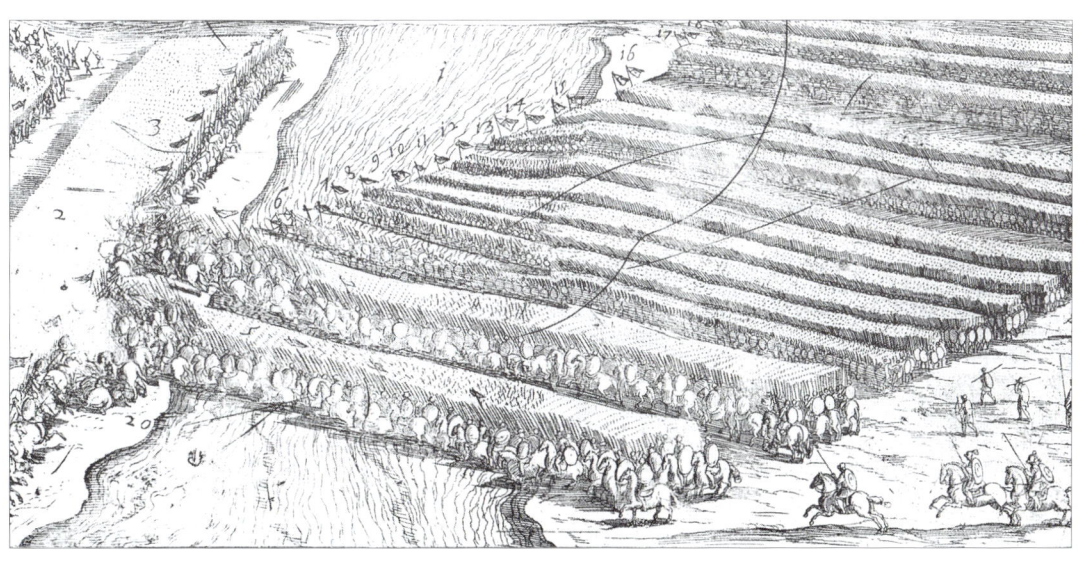

Die Schlacht am Granikos

Beim Versuch, die Invasion zu stoppen, hatten sich die persischen Satrapen Spithridates, Arsites und Mithridates entgegen dem Vorschlag Memnons für eine offene Feldschlacht entschieden und gingen am rechten Flussufer des Granikos in Stellung. Es war Frühling, und der Fluss, an dem entlang die einzige Straße ins Landesinnere führte, hatte Hochwasser. An vorderster Front stellten die Perser ihre mächtige Kavallerie auf, die sich aus Einheiten der verschiedenen Satrapien rekrutierte: an die zwanzigtausend Mann, die größtenteils schwere Rüstungen trugen. Hinter ihnen positionierten sich die griechischen Söldner auf einem felsigen Gebirgskamm, der die Ebene überragte. Als Alexander den Ort des Geschehens erreichte, bezog er sofort Stellung am gegenüberliegenden Ufer und ließ die Truppen so aufstellen, dass die Länge der Front die des Gegners übertraf. Am rechten Flügel, den er persönlich befehligte, postierte er die Angriffstruppe der Agrianen, die makedonische und die paionische Kavallerie, im Zentrum die Phalanxsoldaten und die Hypaspisten, am linken Flügel, der von Parmenion befehligt wurde, die griechischen und die thessalischen Reiter.

Die steile und schlammige Uferböschung erschwerte einen massierten Frontalangriff, daher entschied sich der König für ein Ablenkungsmanöver: Er befahl einer der Schwadronen der königlichen Kavallerie, die von Sokrates befehligt wurde, den Fluss zu

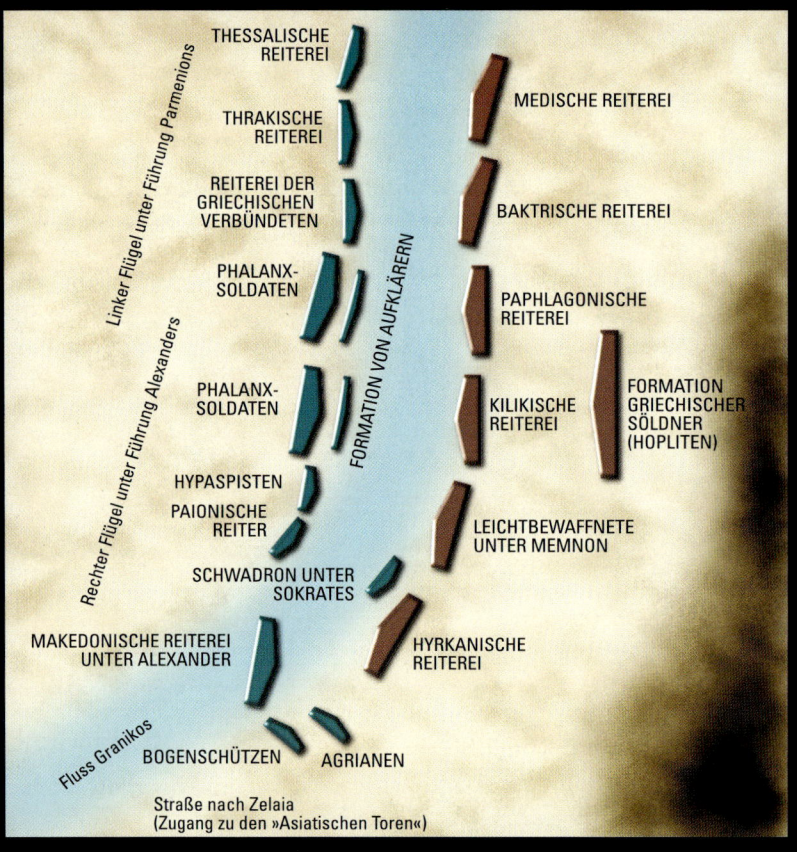

THESSALISCHE REITEREI

Linker Flügel unter Führung Parmenions

THRAKISCHE REITEREI

REITEREI DER GRIECHISCHEN VERBÜNDETEN

PHALANX-SOLDATEN

FORMATION VON AUFKLÄRERN

PHALANX-SOLDATEN

Rechter Flügel unter Führung Alexanders

HYPASPISTEN

PAIONISCHE REITER

SCHWADRON UNTER SOKRATES

MAKEDONISCHE REITEREI UNTER ALEXANDER

Fluss Granikos

BOGENSCHÜTZEN

AGRIANEN

Straße nach Zelaia (Zugang zu den »Asiatischen Toren«)

MEDISCHE REITEREI

BAKTRISCHE REITEREI

PAPHLAGONISCHE REITEREI

KILIKISCHE REITEREI

FORMATION GRIECHISCHER SÖLDNER (HOPLITEN)

LEICHTBEWAFFNETE UNTER MEMNON

HYRKANISCHE REITEREI

Die Karte zeigt die Aufstellung der feindlichen Truppen zu beiden Seiten des Flusses Granikos bei der Feldschlacht vom Mai 334, in der Alexander seinen ersten Sieg über die Perser erringen konnte. Die Perser hatten zwar die bessere strategische Position, doch mit einem geschickten und kühnen taktischen Manöver und selbst den Nahkampf nicht scheuend, der ihn fast das Leben gekostet hätte, konnte der junge makedonische Heerführer dem Feind eine vernichtende Niederlage beibringen.

überqueren und die Perser zu binden, während er
selbst zusammen mit den kampftüchtigen Agrianen
und dem größeren Teil der Reiterei heimlich den Fluss
überqueren wollte, um den Feind von der Flanke her
aufrollen zu können. Der Plan ging auf: Während die
Kavallerie der Satrapen den Angriff des Sokrates
abzuwehren und linkerhand einen Gegenangriff gegen
Parmenions Truppen zu starten versuchte, führte
Alexander, der nun seinerseits den Fluss überquerte,
einen Angriff auf den stärksten Punkt des feindlichen
Aufgebots.

In den heftigen Kämpfen, die nun folgten, geriet der
makedonische König mehrmals in Lebensgefahr. Er
wurde von den Satrapen angegriffen, die ihn entdeckt
hatten, stieß Mithridates mit der Lanze vom Pferd,
wurde aber im Getümmel durch feindliche Reiter
abgedrängt. Mit zerbrochener Lanze und den Helm
durch einen feindlichen Säbelhieb halb zerschmettert,
fand sich der Heerführer vor Spithridates wieder, der
den Krummsäbel hob, um ihn zu töten, aber da schritt
Kleitos, genannt der Schwarze, der Kommandeur der
Königsschwadron, ein und hackte dem Satrapen mit
seinem Schwert den Arm ab.

Das Gemälde von
Charles Le Brun (1619–1690)
zeigt die Überquerung
des Granikos.

Unterdessen hatten sich auch die Phalanxsoldaten in
Bewegung gesetzt. Sie konnten in geschlossener
Formation den Fluss überqueren und hielten die persi-
schen Reiter mit ihren Lanzen fern. Auf der ganzen
Linie überrollt, ergriff die Kavallerie der Satrapen die
Flucht. Alexander, der sich wieder gefasst hatte,
erteilte sodann den Befehl, gegen die griechischen
Söldner loszumarschieren, die vor Überraschung
stehen geblieben waren. Es folgten weitere schwere
Kämpfe, in deren Verlauf ein Pferd unter ihm getötet
wurde. Doch schon bald waren die Söldner, denen der
König keine Gnade gewähren wollte, zum Großteil
nicht mehr am Leben.

Alexander hatte seinen ersten Sieg auf persischem
Boden errungen und dank des Überraschungsangriffs
nur minimale Verluste zu beklagen: 25 Getreue der
makedonischen Kavallerie und einige Dutzend Infanteristen und Reiter anderer Einheiten. Im gegnerischen Lager wurden die Gefallenen zu Tausenden gezählt.

Mit dem Sieg am Granikos war die erste persische Widerstandslinie durchbrochen und der Weg nach Süden frei, nach Ionien, in eine Region mit zahlreichen griechischen Städten, von denen Alexander sich Hilfe und Nachschub versprach. Doch bevor er sich mit dem Heer wieder in Bewegung setzte, betraute er seinen General Antigonos mit der Verwaltung der nördlichen Bezirke und ernannte ihn zum Statthalter von Phrygien. So erhielt das Land schrittweise einen neuen Herrn und Gebieter.

Getreu seiner propagandistischen Linie wollte der makedonische König sich den griechischen Städten Kleinasiens als Sieger präsentieren. Wo auch immer sie hinkamen, setzten die makedonischen Truppen demokratische Regierungen ein, die auf dem Prinzip der Selbstbestimmung gründeten. Das geriet dem Eroberer natürlich

Rechts: *Alexander und Krateros auf Löwenjagd,* Farbmosaik aus einem Haus mit Peristylium im makedonischen Pella, wo es heute im dortigen Museum aufbewahrt wird.

Oben: Die Ruinen von Milet, überschwemmt durch nach oben sickerndes Meerwasser.

Rechte Seite, oben: Die Artemis von Ephesus (Neapel, Archäologisches Museum).

zum Vorteil, zumal sich die Perser – wie im Übrigen auch Philipp in Griechenland – auf Tyrannen und oligarchische Cliquen gestützt hatten. Durch diese Vorgehensweise konnte sich Alexander die konkrete Hilfe der meisten Küstenstädte sichern. Doch der König ließ sein diplomatisches Talent nicht nur den Griechen angedeihen. Er gestand auch anderen Völkern, die dem Persischen Reich unterworfen waren, ihre Rechte zu, insbesondere den lydischen Bewohnern der Satrapenhauptstadt Sardes. Auf diese Weise konnte er ohne Blutvergießen diese Stadt und die beachtlichen, in ihr verborgenen Reichtümer gewinnen. Der Sieg Alexanders am Granikos hatte dem Ansehen und der Macht der Perser einen heftigen Schlag versetzt. In ganz

Kleinasien hatte man die Hoffnung aufgegeben, den Vormarsch des Feindes aufhalten zu können. Dem Großkönig wurde klar, wie bedrohlich die Lage war, und dass er die Sache nun selbst in die Hand nehmen musste. Doch um ein Heer auf die Beine zu stellen, das in der Lage sein würde, den Invasor zu vertreiben, mussten die Truppen aus den entfernter gelegenen Provinzen zusammengezogen werden, und das brauchte Zeit. Memnon, der einzige General auf persischer Seite, der sich zweifelsfrei als fähig erwiesen hatte, bekam den Auftrag, zu retten, was noch zu retten war. Er kontrollierte noch einige starke Bastionen, darunter die wichtigen Städte Milet und Halikarnassos, vor allem aber konnte er sich auf eine mächtige Flotte verlassen, die zu einer ernsthaften Bedrohung für das griechische Heer werden konnte.

Alexander, der auf seine Bodentruppen vertraute, erschien die eigene Flotte eher lästig denn wirklich hilfreich. Er zweifelte an der Zuverlässigkeit seiner Flottensoldaten, und außerdem belasteten die Kosten der Marine die ohnehin leeren Kassen schwer. Aus diesen Gründen und obwohl er wusste, dass er damit riskierte, die Kontrolle über die Verbindungslinien mit dem Mutterland zu verlieren, beschloss er die Bundesflotte aufzulösen, um die Belagerung der feindlichen Bastionen nur mit dem Landheer durchzuführen. Als Erstes nahm er Milet ein, und zwar vom Festland aus; dann zog er seine Truppen um Halikarnassos zusammen, das nach heftigem Widerstand im Herbst 334 kapitulierte. Memnon verlegte die persische Flotte und den Großteil seiner Truppen nur um wenige Kilometer auf die Insel Kos, von wo er das feindliche Heer weiterhin bedrohte. Geschickt erreichte er so eine Pattsituation, die weiter bestehen würde, solange

Alexander nicht alle Hafenplätze Kleinasiens einnahm. Mittlerweile war es Winter geworden, und Erschöpfung machte sich unter den griechischen Soldaten breit. Da schickte Alexander Parmenion mit dem Großteil seiner Einheiten nach Phrygien in die Winterquartiere und die jungvermählten makedonischen Soldaten auf Heimaturlaub. Er selbst zog mit einem kleinen Heer in einem Winterfeldzug in die Südprovinzen Anatoliens, wo er die lokalen Machthaber, die gegen die Perser opponierten, in ihren Rechten bestätigte. In Karien setzte er die von den Persern entmachtete Königin Ada, die Schwester von Pixodaros und des berühmten Mausolos (der das Mausoleum, eines der Wunderwerke der Antike, erbauen ließ), wieder auf den Thron. Im Gegenzug adoptierte Ada, die kinderlos war, den Makedonen und machte ihn so zu ihrem Nachfolger.

In diesen Monaten griff Alexander immer resoluter, teils mit Gewalt, meist aber mit diplomatischen Mitteln, in die staatliche Verwaltung der Perser ein. In den von ihm beherrschten Gebieten erhob er wie der Großkönig Tribute und ersetzte die einheimischen Satrapen durch makedonische Statthalter. Inzwischen hatten die Nachrichten von den Siegen die ersten Legenden hervorgebracht, von denen der gewitzte Kallisthenes die meisten erfand und in Umlauf brachte. Besonders populär wurde die Geschichte vom Gordischen Knoten.

Oben: Relief einer Kampfszene; um 200 v. Chr. (Taranto, Museo Archeologico Nazionale).

Rechts: Die Zeichnung von Vittorio Maria Bigari zeigt Alexander, der den Gordischen Knoten durchschlägt (Venedig, Istituto di Storia d'Arte, Fondazione Cini).

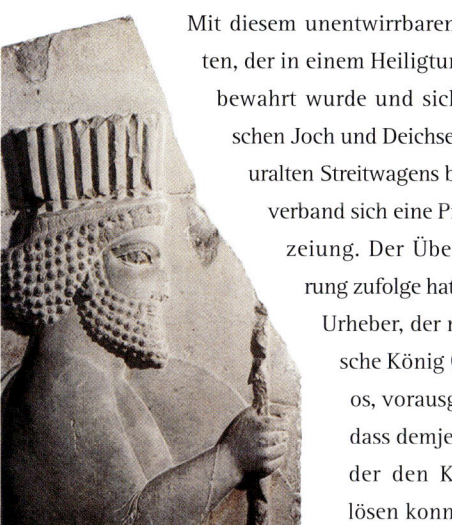

Mit diesem unentwirrbaren Knoten, der in einem Heiligtum aufbewahrt wurde und sich zwischen Joch und Deichsel eines
uralten Streitwagens befand,
verband sich eine Prophe-
zeiung. Der Überliefe-
rung zufolge hatte sein
Urheber, der mythi-
sche König Gordi-
os, vorausgesagt,
dass demjenigen,
der den Knoten
lösen konnte, die
Herrschaft über
Asien verheißen
war. Nachdem Alexanders Versuche, dies zu vollbringen, scheiterten, löste er das Problem auf seine Art:
Er durchhieb den Knoten mit dem Schwert. Damit
hatte er sich auf recht unkonventionelle Art gesichert,
was geweissagt worden war.

Zu Frühlingsbeginn startete Memnon eine neue Offensive, brachte die ägäischen Inseln unter seine Kontrolle
und blockierte die Seeverbindungen zwischen Asien
und Europa.

Die persischen Vorstöße weckten bei den griechischen
Befürwortern der Unabhängigkeit und vor allem bei
den vom Großkönig unterstützten Spartanern wieder
Vertrauen und Hoffnung. Es sah ganz danach aus, als
würde sich die Lage schwierig gestalten. Doch dann
erhielt Alexander eine Nachricht, die alles wieder in
Frage stellte: Memnon, sein gefürchtetster Gegner,
war an einer Krankheit gestorben.

DER VORMARSCH GEGEN DEN GROSSKÖNIG (333)

Mit Memnons Tod ging der Oberbefehl des persischen
Heeres direkt auf den Großkönig Dareios III. über, der
nun seinen Herrschaftsanspruch geltend machen
musste, indem er die Invasoren bekämpfte und ver-
jagte. Zu diesem Zweck hatte Dareios ein riesiges Heer
in Babylon zusammengezogen, das zum Großteil aus
Truppenkontingenten der Persis und der östlichen
Satrapien bestand. Das Herzstück des Heeres bildete
die Garde der »Unsterblichen«, die so genannt wurde,
weil eine Abteilung nie weniger als zehntausend Mann
zählte. Dazu kam die »Verwandtschaft« des Großkönigs
(eine Gruppe hoher Beamter, die mehr oder weniger
direkt mit dem Herrscher verwandt waren) sowie die
Lanzenträger, die den Weg für den Wagen des Königs
freimachten. Dareios selbst, ein stattlicher Mann mit

Oben: Auf einer Scherbe des
Flachreliefs, das die Treppe des
Apadana in Persepolis verzierte,
ist eine persische Wache mit
Lanze und Schild dargestellt.

Rechts: Krater mit fratzen-
verzierten Henkeln aus
Canosa di Puglia, der dem
sog. Dareios-Maler zuge-
schrieben wird.

Bart, zog auf einem von Gold und Edelsteinen funkeln-
den Wagen, in ein weißes Gewand gehüllt und eine
Krone auf dem Kopf, mit seinen engsten Vertrauten
im Gefolge durch die Lande. Er hatte verlangt, dass
sein Heer, zu dem die berühmten Bogenschützen und
die gefürchteten, mit Eisenrüstungen ausgestatteten
Panzerreiter zählten, mit einer schwer bewaffneten
Infanterie verstärkt wurde, die es mit der gut gedrillten
makedonischen Phalanx aufnehmen konnte. Zu diesem
Zweck hatte er weitere dreißigtausend griechische
Söldner rekrutiert und neue Infanterieeinheiten gebildet, die nach dem Vorbild der Feinde ausgerüstet
wurden. Alles in allem war die Armee des Großkönigs
zwei- bis dreimal so groß wie die Alexanders, allerdings
wurde die Beweglichkeit der Truppen durch den riesigen Tross und die große Gefolgschaft des Königs einigermaßen behindert. In der Tat bewegte sich Dareios III. nach persischem Brauch mit hunderten Mauleseln und Kamelen fort, die seine Familie und sein
ganzes Harem, das über dreihundert Konkubinen zählte, beförderten. Dazu kamen mehrere Hundert Eunuchen und Diener sowie luxuriöse Zelte und ein üppiger
königlicher Haushalt.

Als Alexander von den Vorbereitungen Dareios' erfuhr,
sammelte er die Truppen, die in den verschiedenen
Provinzen stationiert waren, und marschierte nach
Süden dem feindlichen Heer entgegen. Im Juli 333
überquerte er, fast ohne auf Widerstand zu stoßen,
die gefürchtete Kilikische Pforte, ein schmaler Felsen-
pass, den nur wenige tatkräftige Soldaten für Monate
hätten blockieren können, und stieg in die sonnige
Ebene um Tarsos herab. Hier nahm Alexander, erhitzt
und staubbedeckt wie er war, ein kurzes Bad im eisigen
Fluss Kydnos. Daraufhin erkrankte er binnen weniger
Stunden so schwer, dass sein Ende nahe schien. Die
Ärzte hatten ihn aufgegeben, ausgenommen Philippos,
ein Jugendfreund des Königs, der einen Trank zuberei-
tete. Alexander hatte die Warnung erhalten, sich vor
dem Arzt in Acht zu nehmen, da er Parmenion zufolge
durch den Großkönig bestochen worden sei. Doch er
ignorierte sie, nahm die Medizin ein und überstand
die Krankheit. Allerdings dauerte es noch Wochen,
bis er wieder bei Kräften war. Mitte September ordnete
er den Weitermarsch entlang der Küste des Golfes von
Iskenderun (wie er heute genannt wird) an. In der
Zwischenzeit marschierte der Großkönig ihm, wenn

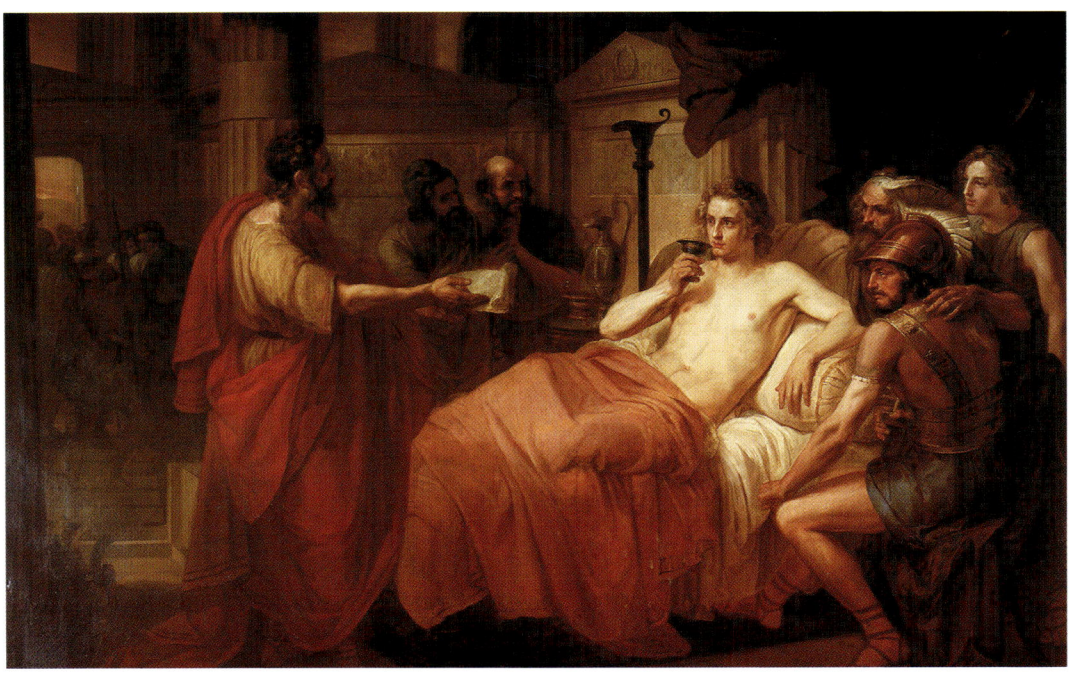

Die Schlacht von Issos nach einem Gemälde von Albrecht Altdorfer (München, Alte Pinakothek).

Linke Seite: Das Gemälde von Domenico Induno stellt die Szene dar, in der der kranke Alexander aus dem Kelch trinkt. Er missachtet die Verleumdung des Parmenion, der ihn glauben lassen wollte, dass es Gift sei.

auch langsam, entgegen. Aber weder Dareios noch Alexander kannten die genaue Position des Gegners, und so zogen die beiden Heere zunächst aneinander vorbei, ohne es zu merken. Ende Oktober befand sich das persische Heer plötzlich im Rücken der Makedonen. Als Dareios dies bemerkte ließ er sein Heer in der Ebene von Issos am Ufer des Flusses Pinaros in Schlachtformation aufstellen. Der Ort war für seine Truppen nicht ideal, denn es war eine kleine, nur fünf Kilometer breite Ebene, die sich schlecht für die Entfaltung der riesigen persischen Streitmacht eignete. Alexander nahm, ungestüm wie immer und trotz seiner offensichtlichen zahlenmäßigen Unterlegenheit, die Schlacht an, ließ sein Heer wenden und gegenüber dem Feind in Stellung gchcn. Die Kämpfe waren sehr hart. Zunächst schienen die Perser die Oberhand zu gewinnen, doch schließlich konnte Alexander die feindliche Armee zerschlagen und einen totalen Sieg erringen. Sein Hauptziel erreichte der makedonische König allerdings nicht: Dareios gefangen zu nehmen. Obwohl er den Angriff auf den Streitwagen des Großkönigs persönlich führte, war es dem Makedonen nicht gelungen, den Feind festzusetzen. Dareios konnte dank des aufopfernden Einsatzes seiner Elitetruppen, die sich massakrieren ließen, um ihm ein Durchkommen zu ermöglichen, fliehen. Allerdings gerieten das persische Lager mit dem riesigen Tross, die Kriegskasse und die gesamte Familie des Großkönigs einschließlich seiner Mutter und seiner Gemahlin in die Hand Alexanders. Etwas Undenkbares war geschehen: Der Herrscher von Asien war in einer offenen Feldschlacht besiegt und zur Flucht gezwungen worden. Die Insignien seiner Macht – Mantel, Bogen und Kampfwagen – waren von den Eroberern erbeutet worden. Und die Familienangehörigen befanden sich als Geiseln in der Hand des Siegers.

Die Schlacht von Issos

Wie schon bei der Schlacht am Granikos bezog das persische Heer auch bei Issos eine defensive Stellung am Ufer eines Flusses. Doch diesmal war das Heer wesentlich größer und stand unter dem Oberbefehl des Großkönigs persönlich. Im Zentrum hatte Dareios die griechischen Söldner und die Infanteristen aufgestellt, während er den Großteil der Kavallerie am rechten Flügel postierte, in der Nähe des Meeres. Weitere Truppen standen auf den Anhöhen und bedrohten den rechten Flügel des feindlichen Heeres. Als die makedonische Vorhut in der Ebene erschien, ließ der Großkönig, der sich mit seinem Kampfwagen im Zentrum des Heeres befand, die Kavallerie vorrücken. Alexander, der von Süden nahte, stoppte den Vormarsch seiner Truppen, um sich ein Bild von den feindlichen Stellungen zu machen, und entfaltete dann sein Heer auf einer breiten Front, die von den Hügeln bis zur Küste reichte. Parmenion, der wie bei der Schlacht am Granikos die Führung des linken Flügels übernahm, wurde die schwierige Aufgabe übertragen, den Angriff der persischen Kavallerie abzufangen. Alexander selbst ritt mit der Hetairenreiterei und den Agrianen den Angriff auf dem rechten Flügel, zerstreute die auf den Anhöhen massierten Feinde und schwenkte dann gegen den linken Flügel des feindlichen Heeres. Mutig kämpften die Kavalleristen beider Seiten im Wasser und im schlammigen Gelände. Inzwischen waren auch die Infanteristen im Zentrum in Aktion getreten. Die

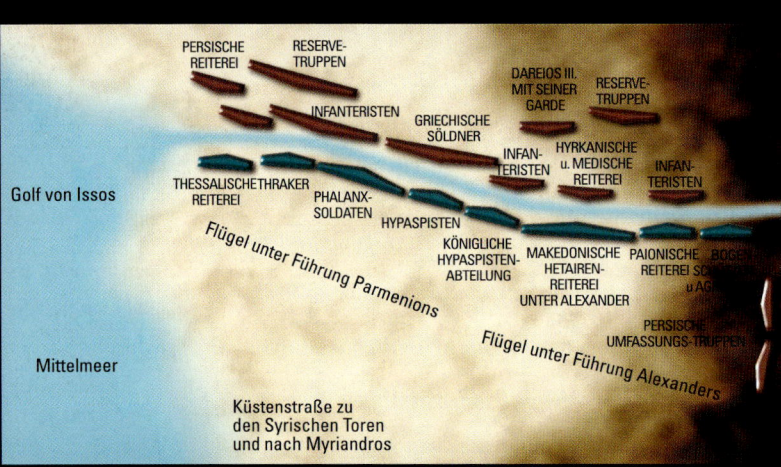

Golf von Issos

PERSISCHE REITEREI
RESERVE-TRUPPEN
INFANTERISTEN
GRIECHISCHE SÖLDNER
DAREIOS III. MIT SEINER GARDE
RESERVE-TRUPPEN
INFAN-TERISTEN
HYRKANISCHE u. MEDISCHE REITEREI
INFAN-TERISTEN
THESSALISCHE THRAKER REITEREI
PHALANX-SOLDATEN
HYPASPISTEN
Flügel unter Führung Parmenions
KÖNIGLICHE HYPASPISTEN-ABTEILUNG
MAKEDONISCHE HETAIREN-REITEREI UNTER ALEXANDER
PAIONISCHE REITEREI SO... u AG...
BOGE...
PERSISCHE UMFASSUNGS-TRUPPEN
Flügel unter Führung Alexanders
Mittelmeer
Küstenstraße zu den Syrischen Toren und nach Myriandros

Links: Die Karte zeigt die Aufstellung der feindlichen Armeen bei der Schlacht von Issos im November 333 v. Chr. Im Verlauf der Gefechte standen sich Alexander und Dareios einen Moment lang sogar direkt gegenüber.

Oben: Das Mosaik aus Pompei stellt den Augenblick dar, in dem der makedonische König und der persische Großkönig zusammentreffen.

makedonische Phalanx hatte, obwohl sie eine viel zu lange Schlachtlinie bildete, leichtes Spiel, aber als sie mit den griechischen Söldnern zusammentraf, drohte sie überwältigt zu werden.

Als die geschlossenen Blöcke der Lanzenträger die ersten größeren Löcher aufwiesen, kam Alexander ihnen zu Hilfe und bahnte sich mit seinen Kavalleristen im Rücken der Söldner einen Weg bis zum Streitwagen des Großkönigs. Inzwischen hatte Parmenion am anderen Flügel die schwer bewaffnete persische Kavallerie bezwungen, und die tapferen thessalischen Reiter hatten die Truppen fast vollständig eingekesselt. Obwohl noch erbittert weitergekämpft wurde, hatte Alexanders Kavallerie, die einen Umzingelungsangriff auf das Zentrum des feindlichen Heeres führte, die Situation nun fest im Griff. Über dem Schlachtfeld wurde es allmählich dunkel. Als der Großkönig gewahr wurde, dass er fast in der Falle saß, ließ er seinen Kampfwagen umkehren und flüchtete. Er überließ es seinem Bruder Oxyartes, dem Kommandeur der Königlichen Garde, seine Verfolgung zu verhindern. Einen kurzen Augenblick standen sich Dareios und Alexander, der sich einen Weg durch das Getümmel gebahnt hatte, von Angesicht zu Angesicht gegenüber. Einige Quellen berichten, dass es sogar zu einem kurzen Gefecht kam, bei dem anscheinend der Großkönig mit seiner Lanze dem Feind eine leichte Verwundung am Schenkel beibrachte, fest steht jedenfalls, dass Oxyartes unter schweren Verlusten die Verfolger schließlich stoppen und Dareios durch die Hügel fliehen konnte. Als die Straße unbefahrbar wurde, ließ der persische Monarch seinen Wagen mit allen Insignien zurück und setzte seine Flucht zu Pferde fort. Mittlerweile war es dunkel geworden, und Alexander, der sich sofort an die Fersen seines Gegners gehängt hatte, musste die Verfolgung abbrechen. Die Flucht des Großkönigs war der einzige Wermutstropfen eines spektakulären Sieges, durch den de facto ein Großteil der persischen Besitztümer in die Hände des makedonischen Königs gelangte.

Makedonische Soldaten fanden sie weinend im Lager, wo sie um Dareios trauerten, den sie für tot hielten. Alexander zeigte ritterliche Großmut gegen sie. Er suchte sie persönlich auf, klärte sie über das Schicksal des Großkönigs auf und verfügte, dass sie alle ihrem Rang gemäß behandelt werden sollten, insbesondere Sisygambis, Dareios' Mutter, der der Makedone den allerhöchsten Respekt entgegenbrachte, fast wie bei seiner eigenen Mutter.

Wenige Wochen später erreichte Alexander die Nachricht, dass Antigonos, sein Statthalter in Kleinasien, die persischen Truppen, die vom Schlachtfeld geflohen waren und versucht hatten sich im Hinterland neu zu formieren, vernichtend geschlagen hatte. So verschwand auf unrühmliche Weise der letzte Hoffnungsträger des Persischen Reiches: das Heer, in das Dareios so viel Vertrauen gesetzt hatte.

DIE EROBERUNG DER KÜSTE (332)

Die Konsequenzen der Schlacht von Issos wurden bald spürbar. Die reichen Territorien Syriens und die mächtigen Städte Phönikiens, wie Arados, Biblos und Sidon, wechselten auf die Seite des Siegers. So fielen ohne Blutvergießen die letzten Operationsbasen der persischen Flotte. Es gab allerdings eine rühmliche Ausnahme: Tyros, die bedeutendste Stadt der Region, war zwar bereit, die Autorität des neuen Herrschers formal anzuerkennen, wehrte sich aber vehement dagegen, ihn in die Stadt einzulassen. Alexander, der die Absicht bekundet hatte, im Tempel der Stadt dem Gott Melkart, den die Griechen mit seinem Urahn Herakles identifizierten, ein Opfer zu bringen, empfand ihre Weigerung als Provokation und gab den Befehl, die Stadt mit Gewalt zu erobern. Die Bewohner von Tyros fühlten sich sicher: Die Stadt, die auf einer Insel lag und durch

Plutarch

»Als Alexander die Gefäße im Bad [des Dareios], die Wasserkrüge und Salbenfläschchen sah – alles aus Gold und kunstreich gearbeitet –, den köstlichen Duft im Raum einatmete wie von den edelsten Gewürzen und Essenzen [...], sah er seine Freunde bedeutungsvoll an und sagte: ›Das war also sein Königtum!‹«

mächtige Verteidigungsanlagen und eine starke Flotte verteidigt wurde, galt als uneinnehmbar. Keine Armee, nicht einmal die des großen Königs Nebukadnezar von Babylon, die sie dreizehn Jahre belagerte, hatte sie einnehmen können. Und in der Tat erwies sich die Belagerung von Tyros als äußerst aufwendig und mithin als die schwierigste, die das griechische Heer bisher durchgeführt hatte. Die Tyrier verteidigten sich mit geradezu fanatischem Mut, auch durch die Überzeugung bestärkt (die sich aber als nichtig erweisen sollte), dass die Karthager ihnen zu Hilfe kommen würden. Alexanders Ingenieure machten sich an die Arbeit und ließen kein Mittel unversucht. Es wurde sogar ein Damm errichtet, der das Festland mit der Stadt verband, um Türme und andere Belagerungsausrüstungen in die Nähe des Feindes zu transportieren, während die Schiffe der anderen phönikischen Städte, die nunmehr mit den Griechen verbündet waren, den Zugang zu den beiden Häfen blockierten. Die Tyrier antworteten darauf mit verbissener

Zähigkeit und großem Einfallsreichtum. Sie setzten Froschmänner ein, um die Ankertaue der feindlichen Schiffe zu kappen, verwendeten mit Pech gefüllte Brandschiffe, um die Türme auf dem Damm in Brand zu setzen, und ließen Haken und Netze an den Mauern herab, um die Belagerer zu fangen. Doch schließlich konnte ihr Widerstand, nach acht Monaten des Kampfes, in einer konzertierten Aktion der Flotte und der Belagerungsmaschinen gebrochen werden. Erbittert ob der Grausamkeit der Feinde, die so weit gegangen waren, sogar Herolde abzuschlachten, die sie zum Aufgeben bewegen wollten, gingen die Eroberer äußerst brutal vor. Ein Großteil der Stadtbewohner

wurde getötet, und von den Überlebenden wurden 30.000 in die Sklaverei verkauft. Wie in Theben wollte Alexander zeigen, was diejenigen erwartete, die es wagten, Widerstand gegen ihn zu leisten. Er ließ sogar an die zweitausend Männer, die die Stadt verteidigt und sich ergeben hatten, entlang der Küste ans Kreuz schlagen. Nun aber konnte Alexander – in den rauchenden Trümmern der geplünderten und zerstörten Stadt – endlich dem Gott Melkart sein Opfer darbringen. Die Verkehrswege waren nunmehr gesichert, und

Belagerungsmaschinen

Wie schon bei anderer Gelegenheit wurden bei der Belagerung von Tyros Alexanders Kavallerie und Infanterie von Spezialeinheiten für Belagerungstechnik tatkräftig unterstützt. Die Eroberung einer befestigten Stadt war eine komplexe Angelegenheit, die ein perfektes Zusammenspiel von Mensch und Maschine unter der Anleitung versierter Ingenieure erforderte. Die Makedonen setzten Ballisten und Katapulte ein, die mit Federn ausgestattet waren und 400 Meter entfernte Ziele treffen konnten; für den Transport wurden diese Maschinen in Einzelteile zerlegt. Für den Einsatz bei der Erstürmung einer befestigten Ba-

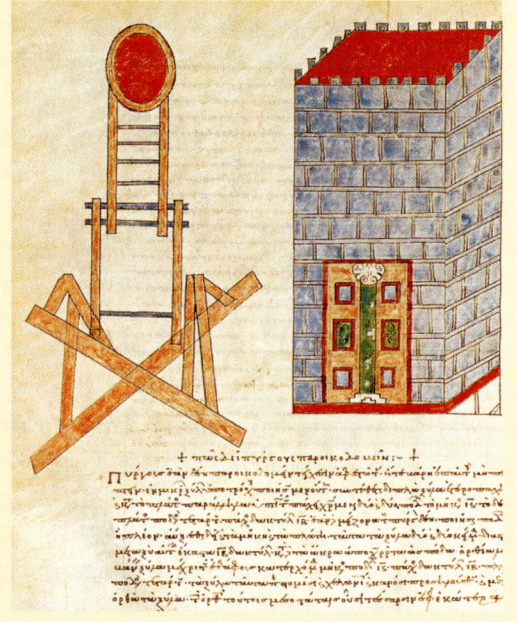

Belagerungsmaschinen aus dem *Codex Parisinus*
nach Vorlagen des Apollodor aus Damaskus
(Rom, Biblioteca Apostolica Vaticana).

stion waren meist multifunktionale Aufbauten nötig, die vor Ort gefertigt wurden.
Alexanders leitender Ingenieur, Diades, war in der Lage, feuersichere Türme auf Rädern von bis zu 60 Metern Höhe anzufertigen; im Innern hatten nicht

nur Bogenschützen und Katapulte Platz, sondern auch Zugbrücken, Sturmböcke und Riesenbohrer mit Eisenspitzen zum Durchbohren von Mauern.
In Tyros wurden diese Ausrüstungen auf Landungsbrücken montiert, die zwischen den Decks zweier Kriegsschiffe befestigt waren: Auf diese Weise war es möglich, die Mauern nahezu überall zu treffen. Es waren vermutlich diese »Sturmbock-Schiffe«, die die entscheidenden Breschen schlugen, durch die die Angreifer in die Stadt eindringen konnten.

da rückwärtig keine Gefahren mehr drohten, war der Weg frei, den Krieg gegen das Persische Reich weiterzuführen.

Während der Belagerung von Tyros hatte Dareios III. versucht, mit dem Feind in Verhandlungen zu treten. Diese Annäherung erfolgte in Form eines Austauschs von Botschaften und der Entsendung von Gesandtschaften. In einem ersten Brief stellte Dareios, der um das Los seiner Familie sehr besorgt war, ein hohes Lösegeld für ihre Freilassung in Aussicht, bot dem Gegner seine Freundschaft und ein Bündnis an und versprach ihm auch die Abtretung ausgedehnter Gebiete in Kleinasien. Alexander antwortete stolz, dass der Großkönig sich von nun an wie an einen Vorgesetzten an ihn zu wenden habe, und erklärte, dass er gekommen sei, um sich für alle Ungerechtigkeiten zu

Arrian

»Eure Vorfahren sind nach Makedonien und ins andere Griechenland gezogen und haben uns Übles angetan, ohne vorher durch uns ein Unrecht erlitten zu haben. Ich selbst nun, zum Führer der Griechen ernannt, bin nach Asien gekommen in der Absicht, dieses Unrecht an den Persern zu rächen, nachdem ihr selbst damit begonnen habt.«

Oben: Ruderer auf einer Triere, dem leichtesten Kriegsschiff der Griechen; Flachrelief des 5. Jh. v. Chr., ausgestellt im Akropolis-Museum in Athen. Die Trieren hatten einen wendigen Rumpf, der durch Steinblöcke im Laderaum stabilisiert wurde, und drei übereinander liegende Ruderbänke.

Unten: Alexander und die Familie das Dareios in einem Fresko von Pellegrino Tibaldi.

rächen, die die Griechen durch die Perser erleiden mussten, angefangen bei den Eroberungen von Dareios I. und Xerxes bis hin zur Ermordung Philipps II., die dem Makedonen zufolge der Großkönig angeordnet habe. Des Weiteren beschuldigte er Dareios, ein Usurpator zu sein, der sich den Thron durch einen Mord angeeignet habe, und folglich nicht würdig sei zu regieren. »Wenn du aber deinen Herrschaftsanspruch bekräftigst«, schloss Alexander erbarmungslos, »so halte deine Stellungen und kämpfe, flüchte nicht, denn ich

werde dich überallhin verfolgen, wo immer du hingehst«.

Trotz des allgemeinen Tenors der Antwort verlor Dareios III. nicht die Hoffnung, dass es zu einer Einigung kommen würde und schickte einen zweiten Brief, in dem er Vorschläge unterbreitete, die noch um einiges verlockender klangen. Diesmal bot er Alexander die Hand einer Tochter und alle Gebiete bis zum Euphrat an. Die meisten Generäle, unter ihnen auch Parmenion, drängten Alexander, das Angebot anzunehmen, aber der makedonische König lehnte erneut ab in der festen Überzeugung, dass er noch nach viel mehr streben könne. Die letzten Siege ließen ihn nicht mehr daran zweifeln, dass die Eroberung des gesamten Persischen Reiches ohne ernstzunehmenden Hindernisse möglich war.

Genau zu dem Zeitpunkt, als Dareios die abermalige negative Antwort Alexanders erhielt, ereilte ihn die Nachricht vom Tod seiner über alles geliebten Gemahlin Stateira, die nach altem persischem Brauch seine Schwester war. Sie war im makedonischen Lager im Kindbett gestorben, und Alexander hatte ihr zu Ehren eine königliche Bestattung ausrichten lassen. Betrübt durch die

Linke Seite, oben: Dareios diktiert eine Botschaft an Alexander; Miniatur aus einer indischen Handschrift (Ende 15. Jh.) der *Chamse* des persischen Dichters Nisami (1141–1209).

Unten: *Tod der Gemahlin des Darius;* das Gemälde von Louis-Jean-François Lagrenée (1725–1805) befindet sich heute im Louvre in Paris.

schmerzlichen Nachrichten, entschied Dareios aufs Ganze zu gehen. Doch dafür brauchte er ein unschlagbares Heer, und um das zu erreichen, musste er Truppen aus allen vier Himmelsrichtungen seines gigantischen Reiches – vom Persischen Golf bis nach Indien – ausheben: ein aufwendiges Unternehmen, für das mindestens ein Jahr nötig war.

Alexander, der zu dieser Zeit die Strategie verfolgte, sämtliche Küstengebiete unter seine Kontrolle zu bringen, sammelte weiter die Früchte seiner Siege. Parmenion, seine rechte Hand, hatte Damaskus besetzt und dort fette Beute gemacht, sodass alle finanziellen Schwierigkeiten fürs erste überwunden waren. Hier gönnte sich auch Alexander, der sich bis dahin gleichgültig gegenüber weiblichen Reizen gezeigt hatte, eine Ablenkung in den Armen einer Frau. Die Auserwählte war schön und gebildet, hieß Barsine, war Memnons Witwe und die Tochter eines Satrapen, der bei Philipp II. zu Gast gewesen war. Sie war damals um die 30 Jahre alt und sprach fließend Griechisch und Persisch. Wahrscheinlich war sie es, die den makedonischen König in die Feinheiten der orientalischen Kultur einweihte. Mit ihr hatte Alexander einige Jahre später einen Sohn, den er Herakles nannte, genau wie den mythologischen Stammvater seiner Dynastie. Doch auch der Liebreiz von Barsine konnte den Eroberer nicht zurück-

Oben: Alexander erhält von Dareios einen Brief und symbolische Geschenke: eine Reitpeitsche, einen Ball und eine goldene Schatulle (Venedig, Istituto Ellenico di Studi Bizantini e Postbizantini).

Unten: Bildnis des jungen Alexander aus mit Blattgold vergoldeter Bronze, 2. Jh. v. Chr. (Rom, Museo Nazionale).

halten, und er setzte sehr bald seinen Vormarsch nach Süden entlang der Küste in Richtung Ägypten fort. Auf seinem Weg ergaben sich anstandslos diverse kleinere Küstenzentren, bis das griechische Heer nach Gaza kam und dort auf erbitterten Widerstand stieß. Die Stadt, deren Herrscher Batis hieß, ein Eunuch, der Dareios III. treu ergeben war, lag auf einem hohen Hügel und wurde von arabischen Söldnern verteidigt,

die mit Todesverachtung kämpften. Wieder mussten die Ingenieure Alexanders ihr ganzes Können aufbieten. Es wurde ein hoher Erdwall errichtet, auf den man die Belagerungstürme und Katapulte aufstellte, um den Feind von einer höheren Position aus attackieren zu können, und unter der Umfassungsmauer wurden Stollen und Gräben ausgehoben. So konnten die Griechen einige Breschen in die Mauer schlagen und die Stadt schließlich stürmen. Alexander, der wie immer an vorderster Front kämpfte, wurde zweifach verwundet. Das hinderte ihn aber nicht daran, die Stadt einzunehmen und ein neues Massaker anzuordnen. Alle Männer wurden getötet, die Frauen und Kinder als Sklaven verkauft. Alexander verfuhr mit Batis in derselben Weise wie einst Achilles mit Hektor: Er fesselte den Todgeweihten an den Füßen, band ihn an seinem Wagen fest und schleifte ihn um die Stadtmauern. Mit diesem neuerlichen Exempel an Gnadenlosigkeit, das ihm die Lektüre Homers einflößte, machte der makedonische König den Weg nach Ägypten frei.

ÄGYPTEN (331)

Das Land am Nil war reich und noch immer in seiner uralten Kultur verhaftet; die persische Herrschaft hatte sich nie wirklich durchsetzen können. Seit der Zeit der ersten persischen Eroberung durch Kambyses II. im Jahr 525 war es in Ägypten, insbesondere in den schwer zu kontrollierenden Gebieten Unterägyptens im Nildelta, immer wieder zu Revolten gegen die Fremdherrschaft gekommen. Später wurde das Land wieder unabhängig und blieb es 60 Jahre lang unter verschiedenen Pharaonen. Der letzte einheimische Herrscher, Nektanebos II., war erst zehn Jahre vor Alexanders Ankunft durch den persischen Großkönig Artaxerxes III. Ochos besiegt und zur Flucht gezwungen worden. Es folgte eine harte Zeit persischer Unterdrückung. Im Unterschied zu seinen Vorgängern, die immer Rücksicht auf die Religiosität der Ägypter genommen hatten, hatte sich Artaxerxes III. wenig tolerant gegenüber den Aufständischen gezeigt und sich durch die Schändung von Tempeln und Schikanen gegenüber der Priesterschaft unbe-

liebt gemacht. Es ging sogar das Gerücht um, der persische Monarch habe
zum Zeichen seiner Verachtung gegenüber den lokalen Bräuchen den über
alles verehrten Stier Apis abgeschlach-
tet. Eine Handlung, durch die er sich
natürlich den Hass der Einheimischen
zuzog. Alexander konnte sich den insta-
bilen Zustand des Landes zunutze machen,
indem er den Groll der Ägypter auf ihre
Unterdrücker schürte.

Nachdem er in knapp über einer Woche den unwirtlichen Landstrich
zwischen Gaza und Ägypten durch-
quert hatte, drang der makedonische
König in das nordafrikanische Land
ein, ohne auf nennenswerten Widerstand zu stoßen. Der letzte persische
Satrap, dessen Heer kurz zuvor von re-
bellierenden griechischen Söldnern unter
Führung einiger makedonischer Überläufer
aufgerieben worden war, übergab ihm frei-

Linke Seite: Der Pharao
Nektanebos II. zwischen den
Klauen des Gottes Horus. Die
Statue greift das Motiv eines
Werkes auf, das in Chephren
entdeckt wurde, allerdings
sind die Proportionen genau
umgekehrt: Hier ist die
Gottheit viel größer als der
ägyptische Herrscher.

Oben: Kopf des ägyptischen
Königs Nektanebos I., Nach-
folger von Nepherites II. und
Begründer der 30. Dynastie.

Rechts: Alexander und die
Statue von Nektanebos in
einer Miniatur des *Alexanderromans* (Handschrift des
Kopisten Nersès).

willig die Provinz und lieferte sich ihm aus. Alexander, der sehr darauf bedacht war, nicht denselben Fehler zu begehen wie Artaxerxes, erwies den ägyptischen Göttern seine Reverenz, und zwar in aller Öffentlichkeit und in der Art, wie es die alten Pharaonen gemacht hatten. In Memphis opferte er dem Stiergott Apis, für Karnak und Luxor ordnete er die Wiederherstellung der Heiligtümer an, die von den Persern geschändet worden waren. So konnte er sich die Gunst der örtlichen Bevölkerung, vor allem aber die Unterstützung der Priesterschaften der großen Tempel – die eigentlichen Machthaber im Lande – sichern. Diese empfingen ihn als ihren neuen Herrscher, ernannten ihn zum Pharao und verehrten ihn als göttlichen Sohn des Sonnengottes Amun-Re. Der makedonische König seinerseits kümmerte sich um die Verteidigung des Landes und seiner neuen Untertanen und setzte sich für das Weiterbestehen der Administration und die

Religionsfreiheit ein. Diese beiden Aufgabenbereiche wurden zwei Ägyptern anvertraut, die als Statthalter des Monarchen in Ober- und Unterägypten eingesetzt wurden. Die Landesverteidigung und das Finanzwesen legte er jedoch in griechisch-makedonische Hände. Obwohl Alexander sicherlich unter dem Eindruck der alten ägyptischen Zivilisation stand und von ihr fasziniert war, vergaß er nie, dass er Grieche war und damit der Träger einer Kultur, die er in allen neu eroberten Territorien zu verbreiten gedachte. Wo immer er hinging, ließ er Sportwettkämpfe, Theateraufführ-

rungen, literarische Wettbewerbe nach den Bräuchen des Mutterlandes organisieren. Auch die Unterstützung und der Schutz der griechischen Handelsniederlassungen am Nildelta, die es schon sehr lange gab, waren Teil dieses Konzepts.

Die wichtigste und dauerhafteste Maßnahme aber, die Alexander einleitete, war die Gründung einer Stadt an der Mündung des westlichen Nilarms gegenüber der Insel Pharos. Aus einer glücklichen Eingebung heraus entschied der makedonische König, die Siedlung auf einer Sandzunge zu errichten, die einen Binnensee

Oben: Der Leuchtturm von Alexandria; Rekonstruktion von H. Thiersch.

Rechts: Ein Modell des Leuchtturms ist im Musée Maritime von Alexandria zu sehen.

Linke Seite, oben: Das Mosaik stellt Szenen aus dem Leben der Ägypter an den Ufern des Nil dar (Museo Prenestino-Barberiniano).

Unten: Alexanderkopf mit Uräusschlange, dem Herrschersymbol der Pharaonen, aus hellem Kalkstein, 3. Jh. v. Chr. (Neapel, Archäologisches Museum).

Der Traum Alexanders

Um die Gründung von Alexandria in Ägypten ranken sich, wie bei vielen anderen berühmten Städten des Altertums auch, zahlreiche Legenden. Plutarch berichtet, dass der Standort Alexander in einem Traum eingegeben wurde, in dem er einige Verse aus der Odyssee hörte, die Homer persönlich vortrug: »Eine der Inseln liegt im wogenstürmenden Meere / Vor des Aigyptos Strome, die Menschen nennen sie Pharos.« Alexander, der für die Empfehlung des alten, über alles geliebten Dichters sehr empfänglich war, befahl seinen Architekten, vor Ort die Begrenzungslinie der künftigen Stadt zu zeichnen (ihre Form glich einem makedonischen Kriegsmantel). Da keine weiße Kreide aufzutreiben war, zeichnete man die Grundlinien mit Gerstenmehl auf den Boden. Darüber freuten sich die Vögel, die in riesigen Schwärmen angeflogen kamen und die Skizze in wenigen Stunden wegpickten. Fast alle Anwesenden deuteten dies als schlechtes Omen; doch der Wahrsager Aristandros, der wie gewöhnlich geneigt war, die Vorzeichen zum Nutzen seines Herrn auszulegen, erklärte, die Stadt werde so wohlhabend sein, dass sie Leuten von überall her Nahrung bieten werde. Und in der Tat sollte sich diese Prophezeiung erfüllen: Alexandria entwickelte sich schnell zu einem bedeutenden Handels- und Umschlagplatz, an dem die reichlichen Erzeugnisse aus der ägyptischen Landwirtschaft zusammengetragen

wurden, um sie dann in den gesamten Mittelmeerraum zu vertreiben.

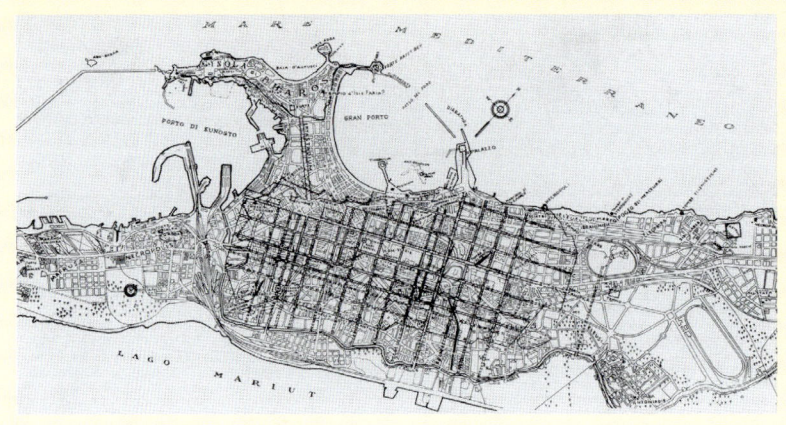

Oben: Die Diokletianssäule, die irrtümlich auch Pompeiussäule genannt wird, auf dem Hügel des Serapeion.

Links: Vergleichender Stadtplan des antiken und modernen Alexandria (Adriani).

vom Meer trennte, als hätte sie ein ideales Bindeglied zwischen Ägypten und dem Rest der Welt darstellen sollen. Der Standort bot viele Vorteile: Er war leicht zu verteidigen, verfügte über große Wasserreserven, einen guten Ankergrund und hatte ein angenehm mildes Klima. Die Planung der Baumaßnahmen wurde mit größter Sorgfalt nach den Regeln des griechischen Städtebaus ausgearbeitet. Die zugrunde liegende Idee war allerdings nicht, eine Stadt für Griechen zu errichten, in der sie gemäß ihrer Tradition leben konnten,

Grabstätte aus hellenistischer Zeit: Nekropole von Mustafa Pascha, Hypogäum Nr. 1, Peristyl.
In Alexandria gehören Grabmale zu den wenigen erhaltenen Zeugnissen aus hellenistischer Zeit.

vielmehr sollte ein Ort geschaffen werden, an dem verschiedene Völkergemeinschaften gedeihen und friedlich miteinander leben konnten. Diesem neuen Zentrum, das sich binnen weniger Jahrzehnte zu einer der bedeutendsten Metropolen des Altertums entwickelte, wollte der König seinen Namen geben. Damit begründete er eine Tradition, die er während seiner gesamten Regierungszeit fortführte.

Mit der Gründung des ägyptischen Alexandreia brachte der makedonische König die rationalste Seite seines Charakters zum Ausdruck. Doch die Persönlichkeit des Monarchen hatte auch dunkle und unergründbare Seiten, die, kurz darauf beim Zug in die Oase Siwa, offen zutage traten. Diese Oase war eine bedeutende Orakelstätte, der Sitz einer alten libyschen Gottheit, die die Ägypter schon früh mit dem Sonnengott Amun-Re und die Griechen mit Zeus identifizierten. Von einer Sehnsucht *(pothos)* getrieben, die für uns heute schwer nachzuvollziehen ist, zog Alexander mit einem kleinen Truppenkontingent in Richtung Westen, die Küste entlang, bog dann ins Landesinnere ein und bewältigte – ohne Mühen noch Gefahren zu scheuen – eine Strecke von über dreihundert Kilometern quer durch die Wüste. Als er die berühmte Orakelstätte erreichte, wollte er mit den Priestern allein sein. Worum es bei diesem Zusammentreffen ging, kam nie an die Öffentlichkeit, die Zeitgenossen des Königs aber mutmaßten, dass er den Gott ersuchte, ihm das Geheimnis seiner Geburt zu enthüllen. Höchstwahrscheinlich offenbarte das Orakel dem jungen Eroberer genau das, was er gerne hören wollte, nämlich dass er nicht der Sohn Philipps, sondern des Gottes Zeus Ammon war. Von da an rühmte er sich seiner göttlichen Herkunft, zunächst nur vor seinen engsten Freunden, später dann immer offenkundiger. Die Annahme, ein direkter Nachkomme Ammons zu sein, die Philipp ausschloss, erregte das Missfallen vieler makedonischer Veteranen, die unter dem alten König gedient hatten, fand aber bei vielen Griechen Zustimmung, vor allem jenen aus Kleinasien, die für wundersame Offenbarungen empfänglicher waren.

Schließlich hatten die größten Heroen Griechenlands, wie Herakles oder Theseus, göttliche Eltern neben ihren weltlichen gehabt, sodass Alexanders Gebaren in kultureller Hinsicht kein unüberwindliches Problem darstellte. Schnell wurden die wundersame Empfängnis Olympias' und die mythische Geburt Alexanders als wirksame propagandistische Waffen eingesetzt.

Links: Büste des Gottes Amun-Re aus dem 2. Jh. v. Chr. Sie wurde im 18. Jh. im unteren Rhonetal bei den Ruinen eines *sacellum* entdeckt. Die Widderhörner um die Ohren waren eines der Kennzeichen der Gottheit.

Rechte Seite, oben: Alexander bringt Amun-Re ein Opfer dar; Ausschnitt eines Reliefs aus dem Tempel von Luxor.

Rechts: Die Tafel mit einer Inschrift des Somtutefnakht wurde in Pompei gefunden (Neapel, Archäologisches Museum).

der ihm neue Männer schickte. Da die Reihen durch wertvolle Reservetruppen wieder aufgestockt waren, nahm Alexander nun seinen Vormarsch nach Asien wieder auf.

Er sah den Augenblick gekommen, die Verfolgung Dareios' wieder aufzunehmen und zum letzten Schlag auszuholen.

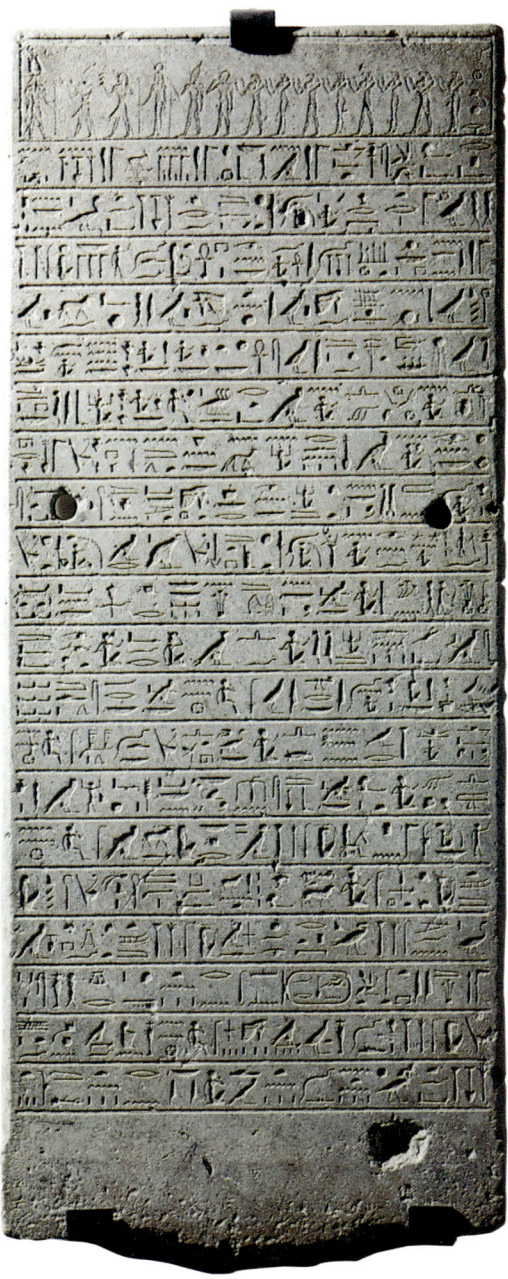

In Ägypten erreichte Alexander die Nachricht, dass die letzten Reste der persischen Flotte aufgelöst worden waren, und er erhielt Verstärkung durch Antipatros,

Plutarch

»Alexander aber richtete die Frage an ihn [den Oberpriester des Ammon], ob keiner der Mörder seines Vaters seiner Strafe entgangen sei. Der Oberpriester hieß ihn darauf, sorgfältiger in der Wahl seiner Worte zu sein, er habe keinen sterblichen Vater. Da drückte sich Alexander anders aus, er fragte, ob alle Mörder Philipps ihre Strafe gefunden hätten. Dann fragte er nach der Herrschaft, ob der Gott es ihm gewähre, Herrscher über alle Menschen zu sein. Der Gott gab zur Antwort, dies werde ihm zuteil werden«.

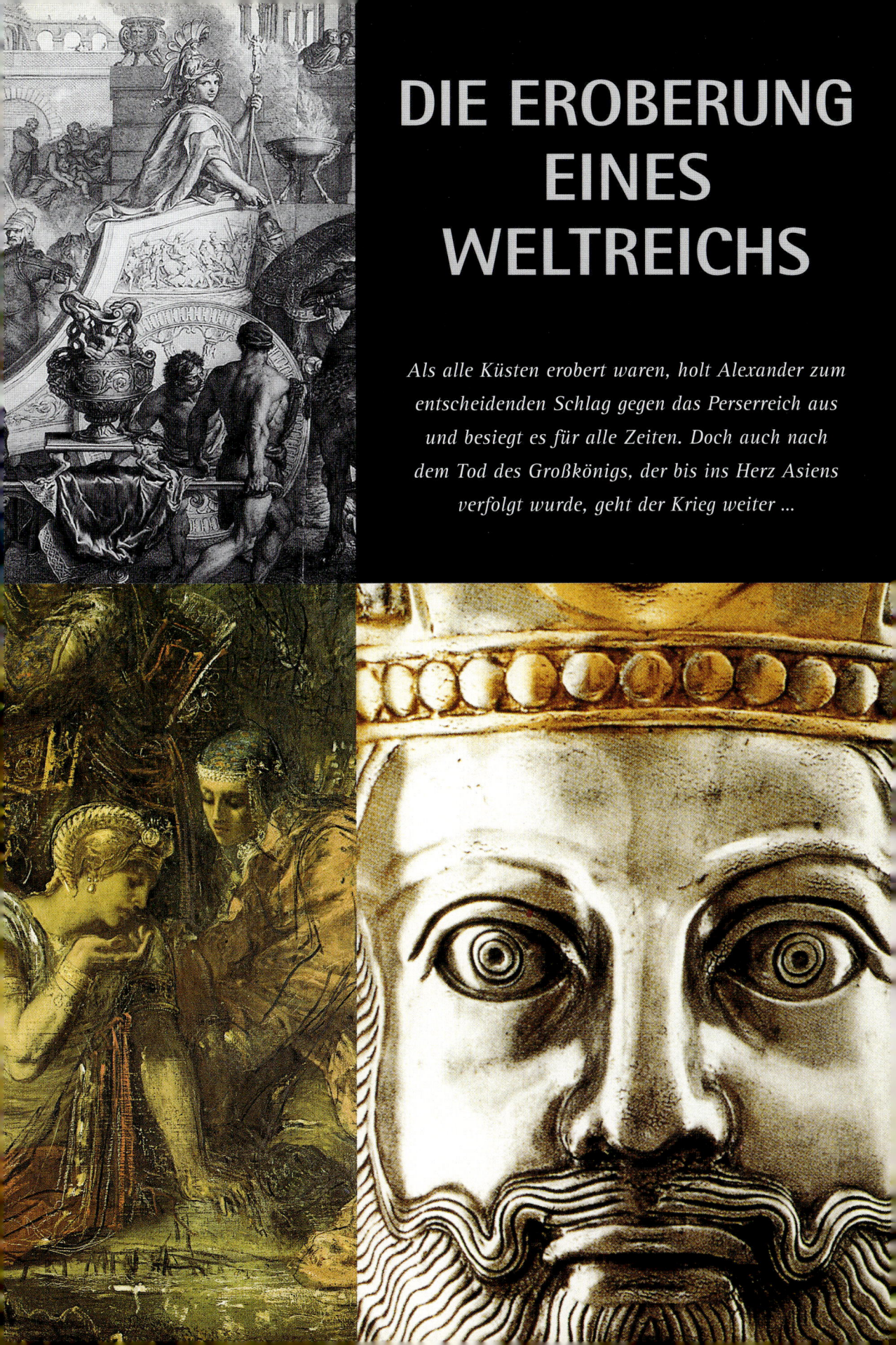

DIE EROBERUNG EINES WELTREICHS

Als alle Küsten erobert waren, holt Alexander zum entscheidenden Schlag gegen das Perserreich aus und besiegt es für alle Zeiten. Doch auch nach dem Tod des Großkönigs, der bis ins Herz Asiens verfolgt wurde, geht der Krieg weiter …

DIE LETZTE SCHLACHT DES DAREIOS III. (331)

Im April 331 brach Alexander von Ägypten in nach Norden auf und durchquerte Palästina und Phönikien. In Samaria, wo Gruppen von Aufständischen so weit gegangen waren, den makedonischen Gouverneur bei lebendigem Leibe zu verbrennen, ließ er so grausame Strafaktionen durchführen, dass fast das gesamte Land entvölkert wurde, und ebnete somit das Terrain für die zukünftige Kolonisierung. Während dieser Zeit kümmerte sich Alexander um eine Neuorganisation der eroberten Gebiete. Er teilte sie in zwei große Finanzdistrikte auf, denen alle ehemaligen Satrapien unterstellt wurden. Damit einhergehend begann er, indem er sich die erbeuteten Schätze zunutze machte, Münzen mit seinem Porträt in Umlauf zu bringen. Diese verbreiteten sich sehr schnell in der gesamten Region, zunächst noch als Parallelwährung neben den alten persischen Goldmünzen (Dareikos), später dann als alleiniges Zahlungsmittel.

Dareios III. war während des ägyptischen Eroberungszugs des makedonischen Königs nicht untätig geblieben. Der Großkönig nutzte die Zeit, um seine Streitmächte aus der Persis und den so genannten »höheren Satrapien«, den Provinzen im äußersten Osten des Perserreiches, in Babylonien zusammenzuführen. Seinem Appell waren die beherzten Kavalleristen aus Baktrien und Sogdiane, aus Medien und Anatolien, ja sogar aus Indien gefolgt, nebst einigen Gruppen kampferprobter skythischer Nomaden. Es stießen sogar einige Abteilungen treuer Gefolgsmänner aus Kappadokien, die auf ihrem Weg die von den Griechen eroberten Gebiete umgingen. Um seine Erfolgschancen noch zu erhöhen, wollte Dareios zusätzlich Spezialwaffen einsetzen. An der vordersten Front sollten fünfzehn indische Elefanten, – den makedonischen Soldaten völlig unbekannte Tiere – marschieren. Man hoffte, die massigen Dickhäuter würden die Invasoren erschrecken. Durch 200 Sichelwagen wurde die Schlagkraft des Heeres noch darüberhinaus verstärkt:

Links: Die Bronzestatuette aus dem 1. Jh. n. Chr. stellt Alexander dar; das Werk, das sich heute im Archäologischen Museum von Parma befindet, ist einer berühmten Skulptur von Lysipp nachempfunden.

Oben: Kopf Alexanders mit Insignien und Athena in Kampfpose; Vorder- und Rückseite einer im Auftrag Alexanders IV. von Ptolemaios I. geprägten Münze (Vierdrachmenstück).

Streitwagen, an deren Rädern lange scharfe Klingen angebracht waren und die die ausgeklügelte Kampftechnik der feindlichen Infanteristen zunichte machen sollten. Nur die Infanterie (mit Ausnahme der wie immer höchst zuverlässigen griechischen Söldner) war der makedonischen deutlich unterlegen, auch deswegen, weil Dareios nach dem Versagen der Kardaken in Issos beschlossen hatte, auf andere Mittel zu setzen. Insgesamt zählte die Streitmacht des persischen Herrschers wohl zwischen 100.000 und 250.000 Mann. Das war drei- bis viermal mehr als das, was Alexander aufzubieten hatte.

Unterdessen zog der Makedone weiter nach Osten, ohne im Geringsten das Ausmaß der Vorbereitungen seitens des Feindes zu ahnen. Ungefähr Mitte Juli gab er Hephaistion den Befehl, eine Brücke über den Euphrat zu schlagen. Dieses Manöver hatten die Gegner vorhergesehen und im Vorfeld den persischen Satrapen Mazaios, einen General mit ruhmreicher Vergangenheit, an das gegenüberliegende Ufer geschickt. Er sollte die Strategie der verbrannten Erde anwenden und die Invasoren an der Übersetzung zu hindern. Doch als der Großteil der makedonischen Truppen anrückte, gab

Oben: Ahura Masda, der Gott der Achaimeniden und Beschützer der persischen Könige, wurde in einem geflügelten Ring dargestellt (Relief aus Persepolis).

Unten: Die Schnitzarbeit aus dem 1. Jh. n. Chr. zeigt Alexander in der Gestalt des Achilles, seines mythischen Vorfahren mütterlicherseits (Neapel, Archäologisches Museum).

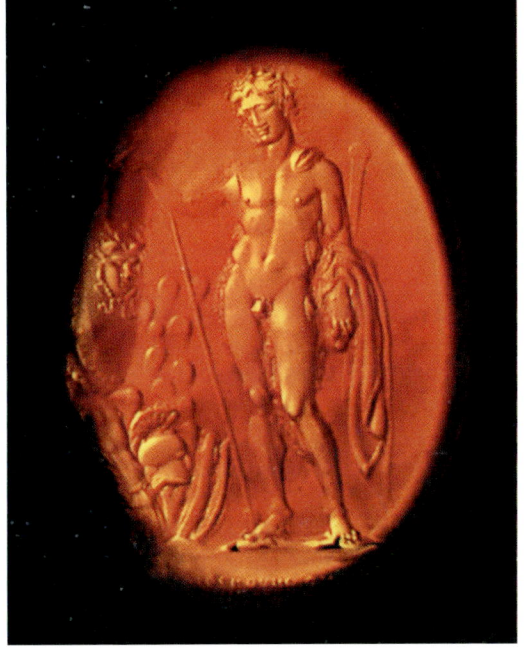

Mazaios die Stellung auf. Alexander stellte die Überquerung des Euphrat mit einer Brücke aus untereinander mit Eisenketten verbundenen Pontons sicher, überwand den Fluss, zog quer durch Assyrien, wo in den Bergen auch im Sommer ein erträgliches Klima herrschte, und rückte in Eilmärschen in Richtung Tigris. Inzwischen bewegte sich Dareios auf das Ostufer zu.

Die Rivalen wünschten jetzt nichts dringlicher als eine offene Feldschlacht, die für Dareios die heiß ersehnte Vergeltung mit sich bringen und für Alexander den letzten Akt der Eroberung des Imperiums bedeuten konnte. Aber als der Makedone den Tigris erreichte, wo er auf das feindliche Heer zu stoßen dachte, fand sich von den Persern keine Spur. So konnten seine Truppen ungehindert die Überquerung bewältigen und ihr Lager am gegenüberliegenden Ufer einrichten. Damit aber verpasste Dareios, der sich einen anderen Standort für die Schlacht ausgesucht hatte, eine optimale Gelegenheit, sich den klar unterlegenen Gegner vorzuknöpfen.

Da er den Fehler von Issos dieses Mal vermeiden wollte, hatte der Großkönig sich mit Bedacht nach einem geeigneten Terrain umgesehen. Er entschied sich für die weite Ebene von Gaugamela, unweit der Ruinen von Ninive, der alten Hauptstadt der Assyrer, die nun nur noch ein unbewohnter Trümmerhaufen war. Er ließ sogar die gesamte Ebene nivellieren, damit die Streitwagen schneller fahren konnten, sowie Fallen und Palisaden an den Stellen aufbauen, an denen mit dem Angriff der feindlichen Kavallerie zu rechnen war. Ende September marschierten die griechischen Truppen selbstsicher durch ein Ereignis, das als gutes Omen gedeutet wurde – es war eine Mondfinsternis, die der Wahrsager Aristandros als Zeichen des Untergangs des persischen Weltreichs auslegte – dem persischen Heer entgegen. Doch in der Nacht vom 29. September erwartete die Soldaten das entmutigende Schauspiel der Tausende von Lagerfeuern, die die Feinde angezündet hatten. Ihnen stand ein gigantisches Heer gegenüber, das größte, das sie je gesehen hatten. Sie wurden von Panik ergriffen. Selbst Alexander, der mit allen Mittel versuchte seine Soldaten zu beruhigen, muss wohl ziemlich verstört gewesen sein, denn die ganze Nacht brachte er zusammen mit Aristandros Opfer dar, um sich die Gunst der Götter zu sichern. Bei dieser Gelegenheit opferte er zum ersten und einzigen Mal Phobos, dem Gott der Furcht, der den Geist verwirrt.

Am nächsten Morgen hatte der makedonische König seinen legendären Mut wiedergefunden und ritt mit wenigen Getreuen um das Schlachtfeld, um die von Dareios vorbereiteten Abwehrmaßnahmen in Augenschein zu nehmen und einen entsprechenden Angriffsplan zu entwickeln. Am Morgen des 1. Oktober 331 legte Alexander seine Rüstung mit den Goldintarsien an, setzte seinen federgeschmückten Helm auf, stieg auf sein treues Pferd Bukephalos und hielt eine Ansprache an seine Soldaten, in der er an Zeus, seinen göttlichen Vater, appellierte. Wie vorauszusehen war, lieferten sich die Gegner erbitterte Kämpfe. Der Ausgang der Schlacht blieb lange ungewiss. Die beiden Flügel des persischen Heeres unter der Führung von Mazaios und Bessos, einem Verwandten des Großkönigs, versuchten die Griechen einzukreisen, aber auch dieses Mal schlug Alexander mit seinen Elitetruppen eine Bresche durch das feindliche Aufgebot und attackierte direkt im Zentrum, dort, wo sich Dareios befand.

Rechts: Das Gemälde von Gustave Moreau (1826–1898) zeigt Dareios, der aus einer Pfütze trinkt, nachdem er vom Schlachtfeld geflohen ist.

Linke Seite, oben: Makedonischer Bronzehelm aus dem 4. Jh. v. Chr. Dieser »phrygische« bzw. »thrakische« Helmtyp kam im 5. Jh. v. Chr. in Griechenland auf und breitete sich später auch im italischen und etruskischen Raum aus.

Unten: Die Amphore des sog. Dareios-Malers aus der Zeit um 330–320 v. Chr. zeigt Dareios III., der auf seinem Kampfwagen vom Schlachtfeld flieht. Die detailreiche mythologisch-historische Darstellung ist auf zwei Ebenen angeordnet, die durch ein umlaufendes Ornament voneinander abgesetzt sind.

Die Schlacht bei Gaugamela

Nach der Erfahrung von Issos und in dem Wissen, dass nun die entscheidende Schlacht bevorstand, traf Dareios III. in der Ebene von Gaugamela (nahe der Stadt Arbela) alle nötigen Vorkehrungen, um dem Gegner in jeder Hinsicht überlegen entgegnen treten zu können. Inmitten seines riesigen Heeres erwartete der Großkönig vertrauensvoll den Beginn der Schlacht in der

...isten zu überwältigen, die Dareios' Statthalter Bessos und Mazaios geschickt hatten, um die Griechen einzukreisen. Selbst die Sichelwagen vermochten keine Ergebnisse zu erzielen. Ihre Lenker stürzten, bald nachdem die Agrianen sie mit ihren Wurfspießen ins Visier genommen hatten, von ihren Plattformen. Nachdem er die Angreifer abwehren konnte, rückte der makedonische König mit seiner Getreuenreiterei umgehend gegen das Gros der persischen Streitmacht vor und konnte eine Schwachstelle ausmachen. Mit lautem Kriegsgeschrei drangen Alexanders Kämpfer bis ins Zentrum des feindlichen Heeres vor und lösten ein heilloses Durcheinander aus. Wenige 1.000 wild

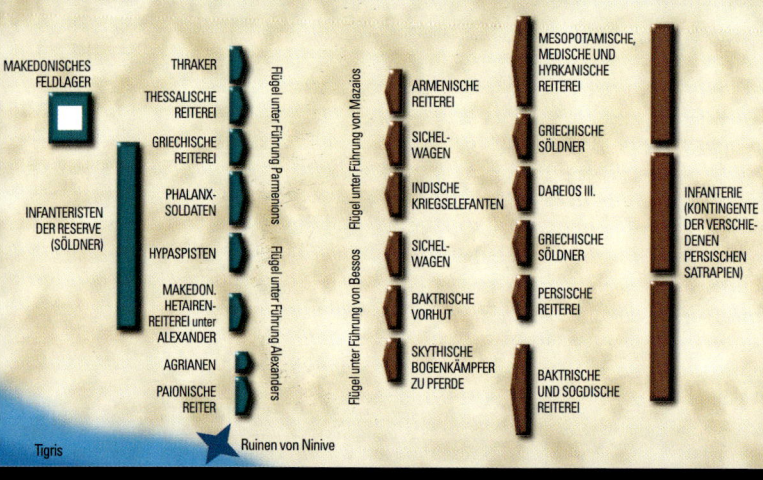

MAKEDONISCHES FELDLAGER

INFANTERISTEN DER RESERVE (SÖLDNER)

THRAKER
THESSALISCHE REITEREI
GRIECHISCHE REITEREI
PHALANX-SOLDATEN
HYPASPISTEN
MAKEDON. HETAIREN-REITEREI unter ALEXANDER
AGRIANEN
PAIONISCHE REITER

Flügel unter Führung Parmenions

Flügel unter Führung Alexanders

Flügel unter Führung von Bessos

Flügel unter Führung von Mazaios

ARMENISCHE REITEREI
SICHEL-WAGEN
INDISCHE KRIEGSELEFANTEN
SICHEL-WAGEN
BAKTRISCHE VORHUT
SKYTHISCHE BOGENKÄMPFER ZU PFERDE

MESOPOTAMISCHE, MEDISCHE UND HYRKANISCHE REITEREI
GRIECHISCHE SÖLDNER
DAREIOS III.
GRIECHISCHE SÖLDNER
PERSISCHE REITEREI
BAKTRISCHE UND SOGDISCHE REITEREI

INFANTERIE (KONTINGENTE DER VERSCHIEDENEN PERSISCHEN SATRAPIEN)

Tigris — ★ Ruinen von Ninive

Für die konventionellen Streitkräfte des persischen Imperiums hergerichteten Ebene. Doch er hatte das militärische Geschick seines Gegners unterschätzt. Alexander, der scheinbar mit seiner üblichen Formation aufwartete, hatte einige Infanterieeinheiten mehr an den Flügeln und eine zweite Reihe Infanteristen als Nachhut aufgestellt, sodass sich sein gesamtes Heer sich in ein gigantisches, unangreifbares Rechteck verwandelte. Kurz vor Mittag setzten die Kämpfe ein. Die Erde war trocken, und unter den Pferdehufen stiegen riesige Staubwolken auf, die die Sicht auf wenige Meter beschränkten. Der Makedone machte sich dies zunutze, um seine Angriffstruppen ungesehen nach rechts zu schwenken. Mit Unterstützung der Infanteristen gelang es, jene persischen Kavalle-

Oben: Truppenaufstellung in der Schlacht bei Gaugamela. Auch bei dieser Gelegenheit erwies sich Alexanders militärisches Talent als überraschend effizient. Es gelang ihm, die an Zahl den Makedonen weit überlegene Streitmacht von Dareios III. zu besiegen. Einziger Wermutstropfen war der Durchbruch der indischen Elefanten und persischen Sichelwagen, der einen Rückzug Alexanders notwendig machte, um der in Bedrängnis geratenen makedonischen Kavallerie zu Hilfe zu kommen.
Rechts: Jan Bruegel, *Die Schlacht von Arbela,* 1602 (Paris, Louvre).

entschlossene Soldaten hatten den Widerstand zahlenmäßig wesentlich stärkerer Truppen gebrochen. Als Alexander den Kampfwagen von Dareios erblickte, stürzte er sich auf ihn und schleuderte seine Lanze. Inzwischen aber hatte das Kampfgeschehen im Zentrum und am linken Flügel für die Makedonen einen ungünstigen Verlauf genommen. Die Hypaspisten und die Fußsoldaten hatten es zwar geschafft, von den Elefanten und den Sichelwagen nicht überrollt zu werden (sie hatten aus der Lektion gelernt, die ihnen die Triballer erteilt hatten), dafür war aber eine große Lücke entstanden, in die sich die persischen und indischen Reiter stürzten, um das makedonische Lager zu stürmen und zu plündern. Schweren Herzens musste Alexander, der schon einen Großteil der Truppen um den Großkönig überrannt hatte, einige Schwadronen der Hetairenreiterei aus der ersten Schlachtreihe abziehen und sie dem Tross zu Hilfe schicken. So gelang es Dareios erneut, mitten im Schlachtgetümmel seinen Kampfwagen zu wenden, durch die dichten Staubwolken zu entfliehen und sich auf der Königsstraße in Sicherheit zu bringen. Doch selbst die Flucht des Großkönigs konnte den endgültigen Sieg Alexanders nicht überdecken: Sogar in den Augen vieler seiner Feinde erschien der Makedone nunmehr als der neue Herrscher von Asien.

Wie in Issos gab der Großkönig seine Stellung auf, obwohl er für seine große Tapferkeit berühmt war, und ergriff die Flucht, noch bevor der Ausgang der Schlacht eindeutig feststand; wahrscheinlich hoffte er, weiteren Widerstand in den höheren Satrapien organisieren zu können. Alexander, der von Parmenion gerufen wurde, weil seine Truppen in große Bedrängnis geraten waren, konnte sich nicht sofort an die Fersen des flüchtigen Dareios heften, sodass dieser erneut entkam. Doch allen Beteiligten war klar, was dies zu bedeuten hatte: Der Sieg von Issos war endgültig bestätigt worden, und der Ausgang des Krieges stand nunmehr fest. Noch auf dem Schlachtfeld wurde Alexander von seinen Soldaten zum »König von Asien« ausgerufen. Und um auch diesem Ereignis eine panhellenische Dimension zu verleihen, ergriff der makedonische Heerführer eine Maßnahme, die man als geschickten propagandistischen Winkelzug bezeichnen kann: Er schickte eine Botschaft an die Griechen, in der er mitteilte, dass die Rache vollzogen sei und verkündete das Ende der Tyrannenherrschaft und die Freiheit aller hellenischen Städte. Danach schickte er, wie schon zuvor, einen Teil der Beute nach Europa, darunter einige Geschenke nach Kroton, der einzigen Stadt außerhalb Griechenlands, die sich am Krieg gegen Xerxes beteiligt hatte.

IM HERZEN DES WELTREICHS (331)

Als keine Hoffnung mehr bestand, Dareios einholen zu können, ließ Alexander am Tag nach der Schlacht das Lager abbrechen und marschierte mit seinen Truppen in Richtung Babylon, wo er damit rechnete, sich mit Nachschub versorgen zu können. Auf seiner Route hielt der Makedone, der nicht vergessen hatte, dass er einst der Schüler eines berühmten Naturforschers gewesen war, mehrfach an, um die eigenartigen

entflammbaren Flüssigkeiten zu untersuchen, die in dieser Gegend aus der Erde sprudelten. Es war das erste Mal, dass die Griechen mit Erdöl in Berührung kamen. Wie gefährlich dieser Stoff war, erfuhren sie erst, als sie versuchsweise einen königlichen Pagen damit einschmierten und dieser schreckliche Verbrennungen davontrug.

Babylon, die reiche Hauptstadt Mesopotamiens, war eine gut befestigte Stadt und hätte folglich lange gegen die Invasoren standhalten können. Doch die eben zu Ende gegangene Schlacht hatte vielen persischen Reichsbeamten die Augen geöffnet: Realistischerweise hatten sie erkannt, dass die Herrschaft der Achaimeniden faktisch zu Ende war.

Rechts: Fragmente einer Stele aus Marmor der Insel Lesbos, die in Mytilene gefunden wurde; die Inschrift gibt den Text eines Dekrets wieder. Sie geht auf die Zeit um 330/329 v. Chr. zurück und wird im Archäologischen Museum von Mytilene aufbewahrt.

Babylon

Babylon war eine der berühmtesten Metropolen der Welt, und so alt, dass es hieß, es hätte sie schon immer gegeben. Die Stadt lag beiderseits eines Euphratlaufs (rund 80 km vom heutigen Bagdad entfernt) in einer fruchtbaren Ebene, die von einem großen Netz von Bewässerungskanälen durchzogen wurde. Nach der Legende soll sie von Sargon von Akkad gegründet worden sein, doch vermutlich vergrößerte der Herrscher bloß eine zur Zeit der Sumerer – also vor über 4.500 Jahren – bereits blühende Ortschaft.

Während ihrer mehrtausendjährigen Geschichte war sie die Heimatstadt berühmter Herrscher wie Hammurapi oder Nebukadnezar und die Hauptstadt mächtiger Reiche; sie blieb es zumindest bis zum Jahr 539 v. Chr., denn nach ihrer Eroberung durch Kyros wurde sie dem Persischen Reich einverleibt und diente als Hauptort der Satrapie Mesopotamien. Obwohl die Perser unter Xerxes die Heiligtümer teilweise zerstört hatten, zählte Babylon mit ihren Prachtbauten, den gigantischen Mauern, in die prächtige Tore eingelassen waren, und den üppig blühenden hängenden Gärten bei der Ankunft Alexanders noch zu den kostbarsten Juwelen des Orients. Auf ihren Straßen mischten sich Araber, Armenier, Perser, Juden und Indianer zu einer schillernden kosmopolitischen Welt, während in den reichen Behausungen der eleganten Viertel am Ufer des Euphrat Feste wie aus Tausendundeiner Nacht mit Banketten, Tänzen und Spielen gefeiert wurden.

Ein wahres Paradies, in dem die Eroberer, aufgemuntert durch einen großzügigen Sold, der aus dem Stadtschatz geschöpft wurde, drei Jahre Strapazen und Entbehrungen endlich hinter sich lassen konnten.

Oben: *Der Einzug von Alexander in Babylon,* Radierung von Charles Le Brun (1619–1690).

Unten: Das Ischtartor in Babylon (Rekonstruktion im Pergamonmuseum, Berlin).

Rechts: Vorder- und Rückseite einer kleinen Tontafel aus dem Jahr 507 v. Chr., vermutl. aus Persepolis (heute Yale Babylonian Collection, New Haven/Connecticut). Der Text ist in einer Spätform des Elamischen (einer der fünf Sprachen des persischen Achaimenidenreiches) verfasst.

Unten: Das Kapitell aus Kalkstein mit zwei Stierköpfen stammt von einer der 36 Innensäulen des Königspalasts von Susa.

So kam es, dass Alexander, als er mit seinem Heer vor das gewaltige Bollwerk der Semiramis kam, statt verschlossener Tore und Mauern voller Verteidiger einen festlichen Empfang vorfand. Ihn geleitete niemand Geringeres als Mazaios, der mächtige Satrap Babyloniens, eben jener General, der den rechten Flügel des persischen Heeres in Gaugamela befehligt hatte. Mazaios, der in Begleitung seiner Söhne und der zivilen und religiösen Würdenträger der Stadt erschienen war, beeilte sich, dem Mann zu huldigen, gegen den er nur wenige Tage zuvor tapfer gekämpft hatte. Zur Belohnung bestätigte ihn der neue Herrscher in seinem Amt, stellte ihm allerdings einen makedonischen Offizier und einen griechischen Verwalter zur Seite. Alexanders Einzug in die Stadt war großartig. Auf einem Triumphwagen fuhr er durch die mit Blumen bestreuten und mit Kränzen geschmückten Straßen, und die Menschen, die silberne Altäre errichtet hatten, begrüßten ihn voller Begeisterung und überschütteten ihn mit Geschenken. Die Zeremonien kulminierten in der Übergabe der Schlüssel der Festung und des königlichen Schatzes. Wie schon in Ägypten wollte sich der makedonische König auch hier in Babylonien in die Traditionen des Landes einpassen. Er versuchte, die Sympathien der Priesterschaft für sich zu gewinnen,

die alles in allem das Ende der zweihundertjährigen persischen Herrschaft mit Wohlwollen betrachtete. Wie in den anderen Territorien gebärdete sich Alexander als einheimischer Fürst. Er brachte Baal-Marduk, dem obersten Gott der Stadt, Opfer dar und verfügte die Wiederherstellung der von Xerxes zerstörten Heiligtümer. Darunter war auch der große, dem Schutzgott der Stadt geweihte Tempel und die Zikkurat Etemenanki, ein riesiges Bauwerk, das den Stoff für die Legende vom Turmbau zu Babel lieferte.

Die Präzedenzfälle von Mazaios und anderen persischen Beamten, die Alexander in Amt und Würde bestätigte, hatten weitreichende Folgen. Schon bald begannen auch in anderen Hauptstädten im Osten des Imperiums die Satrapen sich von Dareios abzuwenden. In Susa, der Hauptstadt von Elam und einer der bedeutendsten Städte des Achaimenidenreiches, ergab sich der Statthalter ohne jedes Blutvergießen und übergab den Siegern die riesigen Schätze, die in den Regierungspalästen gehortet wurden: über 1.500 Tonnen Gold und Goldmünzen. Auf Anweisung des Eroberers wurden diese Reichtümer – wie die aus Babylonien und anderen eroberten Gebieten – zum Teil dafür verwendet, um Münzen zu prägen. Das plötzliche

Oben: Ausschnitt aus einem Fries aus dem Königspalast von Dareios I. in Susa. Die Dekoration aus erhabenen bemalten und glasierten Ziegelsteinen zeigt einen Greif mit Widderhörnern (Paris, Louvre).

Rechts: Alexander-Darstellungen aus einer armenischen Handschrift, die bei der Kongregation der Mechitharisten auf der Insel San Lazzaro bei Venedig aufbewahrt wird.

Aufkommen neuer Zahlungsmittel, die zum Großteil nach Kleinasien und Griechenland flossen, gab
der Wirtschaft der gesamten östlichen Mittelmeerwelt
einen kräftigen Impuls.

Der Vormarsch in diese entfernten
und unbekannten Regionen hinterließ
allerdings Spuren. Je weiter Alexander
in den Orient vordrang, desto stärker
geriet er unter den Einfluss der Traditionen und Sitten der unterwor-
fenen Völker. Mit der Zeit veränderte er auch seine
Politik und seinen Herrschaftsbegriff. Mit jedem neuen
Erfolg identifizierte sich der Heerführer stärker mit
den orientalischen Vorstellungen
von königlicher Macht. Er ging mit
großer Ernsthaftigkeit und Anteilnah-
me auf die Erwartungen der neuen
Untertanen ein, die ihm ihrerseits alle
dem Großkönig vorbehaltenen Ehren
zuteil werden ließen. Mit diesem Verhalten entfernte sich der makedonische König
immer mehr von der militärischen Schlicht-
heit, die ihm von Kindesbeinen an beigebracht
wurde und der er stets treu geblieben war. Diese Veränderung schlug sich auch in einer Reihe aussage-
kräftiger symbolischer Handlungen nieder.

Persepolis

*Persepolis, die zeremonielle Hauptstadt des Persischen
Reiches, wurde im Jahr 518 v. Chr. von Dareios I. am
Ufer des Flusses Puhar (im heutigen Westen von Iran,
60 km nordöstlich von Schiras) als Symbol der weltlichen
Macht der Großkönige und als ewiges Zeugnis für die
Wohlgesonnenheit des obersten Gottes Ahura Masda
und der anderen Götter errichtet. Der festliche Zweck
kam ganz besonders im Königspalast zur Geltung, der
auf einer künstlich angelegten, zwanzig Meter hohen*
*Terrasse stand und in den man über eine monumentale
Freitreppe gelangte. Der Palast bestand aus verschiedenen Gebäuden mit zwei riesigen Audienzsälen, einem
Schatzhaus, Freitreppen, königlichen Gemächern, Räumen für die Leibgardisten und dem Harem, die alle mit
Bronzetüren versehen und abschließbar waren. Die über
20 Meter hohen Mauern waren mit vergoldeten und glasierten Lehmziegeln ausgeschmückt, die Dächer ruhten
auf imposanten Holz- oder Marmorsäulen mit Kapitel-
len in Gestalt von Stieren und diversen Fabelwesen. In
diesem prachtvollen Ambiente kamen einmal im Jahr
die Abgesandten aller Völker des Imperiums zusammen,
um dem Großkönig zu huldigen und ihm Tribut zu entrichten. Er erwartete sie im imposanten Hundertsäulen-
saal, auf seinem goldenen Thron sitzend, das Zepter in
der Hand, ihm zu Diensten ein Sklave, der die Aufgabe
hatte, die Mücken zu verscheuchen. Es war eine grandi-
ose Zeremonie, die über zweihundert Jahre lang den
Höhepunkt persischer Herrschaft markierte und von der
uns die eindrucksvollen Relieffriesen an der Freitreppe
noch heute ein ungefähres Bild vermitteln.*

Links: Das Xerxestor in
Persepolis (Iran). Die Stadt
wurde 518 v. Chr. von
Dareios I. für zeremonielle
Zwecke gegründet.

Links: Der Palast von Dareios I. in Persepolis (Südansicht).

Unten: Auletenspieler und Tänzerin mit Klappern; Innenbild einer Trinkschale (Kylix) von Epiktet (London, British Museum).

Linke Seite, oben: Goldenes Trinkgefäß aus Ekbatana (heute im Nationalmuseum von Teheran).

In Susa machte der König seine Stellung als Nachfolger der Achaimenidenkönige dadurch kenntlich, dass er demonstrativ den Thron bestieg, auf dem nur die persischen Könige sitzen durften. Böswillige Kommentatoren ließen sich die Gelegenheit nicht entgehen, hämisch darauf hinzuweisen, dass er dies wegen seiner eher mickrigen Statur ohne Schemel gar nicht geschafft hätte ...

Es war allerdings noch nicht an der Zeit, die Waffen ruhen zu lassen. Zuvor mussten alle etwaigen Widerstandsnester ausgehoben werden. Dafür musste Alexander jeden Rachegedanken seines Gegners ausräumen. Mit diesem Ziel vor Augen setzte er seinen Marsch in Richtung auf die Persis fort, dem Kernland des persischen Weltreichs und der Heimat der Dynastie der Achaimeniden. Die griechischen Truppen stießen hierbei auf heftigen Widerstand. Ein Bergvolk lauerte ihnen bei den so genannten Persischen Toren auf und kämpfte standhaft, um ihnen den Weg zu versperren. Mittels einer Umgehungsaktion schlug der makedonische König sie zwar in die Flucht, doch der Widerstand hatte ihm gezeigt, dass nicht alle Untertanen des Dareios bereit waren, sich ihm kampflos zu ergeben. Diese unerwartete Reaktion und die Nachricht, dass einige griechische Gefangene grausam verstümmelt worden waren, brachten ihn so in Rage, dass er, als er im Januar 330 nach Persepolis, der alten repräsentativen Hauptstadt des Persischen Reiches, gelangte, die Stadt – ungeachtet dessen, dass ihre Verteidiger sich ihm unterworfen hatten – seinen Soldaten zur Plünderung überließ. Die Truppen wüteten hemmungslos: Sie richteten ein fürchterliches Blutbad an und verwüsteten das, was einst eine der prächtigsten Metropolen der Welt gewesen war. Nur der Königspalast blieb verschont, wenn auch nur für kurze Zeit, wie sich herausstellen sollte. Einige Monate später während eines der Treffen des makedonischen Führungszirkels, wahren Orgien, bei denen die Beteiligten sich hemmungslos dem Alkohol und niedersten Instinkten hingaben, regte jemand an – den Gerüchten zufolge eine Hetäre aus Athen namens Thais –, den Palast des Xerxes in Brand zu setzen, um sich für die Zerstörung der griechischen Heiligtümer zu rächen. Der Vorschlag wurde angenommen, und nur wenige Stunden später lag die ruhmreiche Residenz der persischen Könige in Schutt und Asche. Mit diesem demonstrativen Akt, der in mancher Hinsicht nicht

damit die makedonische Oberherrschaft definitiv besiegelt hatte, tat Alexander diesen wichtigen Erfolg als »Kampf zwischen Ratten« ab. Jetzt stand Asien im Mittelpunkt seines Interesses, die neue Eroberung, ein unendlich großes Weltreich, das größer war als alle seine europäischen Besitzungen zusammen. Dieses Weltreich musste noch konsolidiert und befriedet, die neuen persischen Untertanen günstig gestimmt werden. Alexander beließ es nicht dabei, den persischen Satrapen in seinem Amt zu bestätigen. Auch hier, im Herzen des Landes der Achaimeniden, wollte er sich den traditionellen Gebräuchen unterordnen. Er begab sich nach Pasargadai, um am Grab von Kyros dem Großen, dem Begründer des großen feindlichen Imperiums, seine Huldigung darzubringen.

DIE VERFOLGUNG VON DAREIOS (330)

Noch konnte der Krieg nicht für beendet erklärt werden. Zwar hatte die Schlacht bei Gaugamela deutlich gemacht, dass Dareios' Herrschaft zu Ende war, aber solange der Großkönig lebte, konnte die Rechtmäßigkeit der Eroberung in Frage gestellt werden. In den letzten Monaten hatte Dareios in Ekbatana, der Hauptstadt der Satrapie Medien, Zuflucht gefunden. Dort, inmitten der Tempel und prächtigen, mit Gold und Silber bedeckten Paläste, hatte er in der absurden Hoffnung auf weitere Verstärkung von Vergeltung geträumt. Als Alexander im Frühjahr auf die Stadt vorrückte, ergriff der Großkönig eilends die Flucht und zog sich in östliche Gegenden zurück, wo er auf die Hilfe der ihm treuen Soldaten aus Baktrien und Sogdiane wartete. So fiel die letzte der bedeutenden persischen Königsstädte dem Eroberer in die Hand. Für Alexander war das der Moment, in dem er den Krieg, den er im Namen des Korinthischen Bundes geführt hatte, für beendet hielt und meinte, nach außen hin kenntlich machen zu müssen, dass seine Unternehmung nun eine andere Dimension angenommen hatte und Ziele verfolgte, die weit über das hinausgingen, was der panhellenische Bundesrat postuliert hatte. Er schickte die Truppenkontingente der Alliierten in die Heimat zurück und behielt nur diejenigen Solda-

plausibel erscheint, gebärdete sich der makedonische König jedoch zum letzten Mal als Rächer der Griechen. Danach legte er ein vollkommen anderes Verhalten an den Tag und tat alles, um seiner Rolle als neuer Herrscher des Weltreichs und Nachfolger des Großkönigs gerecht zu werden. Griechenland und Makedonien waren weit weg, die dortigen Geschehnisse für den großen Heerführer kaum noch von Belang. Als er die Nachricht erhielt, dass sein Statthalter Antipatros den Aufstand der Spartaner in Megalopolis endgültig niedergeschlagen, ihren König Agis III. getötet und

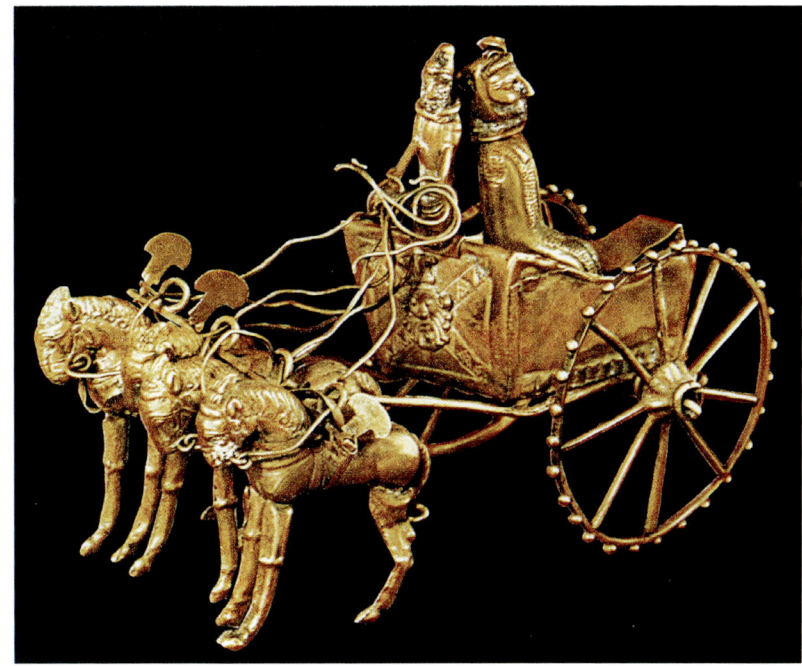

Rechts: Der Vierspänner ist ein Teil des Oxusschatzes aus dem 6./5. Jh. v. Chr., der 1877 in Nordafghanistan entdeckt wurde (London, British Museum).

Unten: Thessalischer Reiter auf der Scherbe eines Flachreliefs aus Pelinna (Paris, Louvre).

Linke Seite: Hoplit mit schwerer Rüstung; Relief am Sockel einer Skulptur des 5. Jh. v. Chr. (Athen, Nationalmuseum). In Anlehnung an die literarisch-epischen Überlieferungen erscheint der Infanterist mit einem nach hinten geschobenen federgeschmückten korinthischen Helm auf dem Kopf, einer Lanze, einem Schild, dem Brustharnisch und den Beinschienen.

ten, die sich bereit erklärten, im eigenen Namen für ihn zu kämpfen. Er ließ Parmenion in Ekbatana zurück, dem die Aufgabe zufiel, die Schätze der Stadt zu hüten und die Verbindungen zum Mittelmeerraum zu sichern, und bereitete sich vor, mit seinen mobilsten Truppen die Verfolgung des Großkönigs aufzunehmen. In der Überzeugung, dass sie bald wieder vereint sein würden, wechselten der junge König und der alte General, der ganz entscheidend zu den makedonischen Siegen beigetragen hatte, nur einen kurzen Gruß. Sie sollten sich nie wiedersehen.

Dareios spekulierte wahrscheinlich darauf, dass Alexander sich mit den riesigen eroberten Territorien zufrieden geben würde und darauf verzichtete, den Krieg weiterzuführen. Doch damit unterschätzte er die Zähigkeit und den Ehrgeiz seines Gegners. Alexander rückte in Eilmärschen vor und heftete sich an die Fersen der spärlichen Truppen des Feindes. In elf Tagen erreichte er Rhagai (in der Nähe des heutigen Teheran), wo er

erfuhr, dass Dareios durch die Kaspischen Tore hindurch nach Hyrkanien geflohen war. Diese erneute übereilte Flucht des Großkönigs untergrub endgültig sein Ansehen, insbesondere in den Augen der wenigen Aristokraten des Reiches, die ihm bis dahin noch treu geblieben waren. Nun war allen Untertanen klar geworden, dass Dareios außerstande war, das Reich zu verteidigen, und Ahura Masda, der oberste Gott, ihm keinen Schutz mehr gewährte. Da beschlossen die persischen Adligen der östlichen Provinzen unter Führung von Bessos und der Satrapen Barsaentes und Satibarzanes, dass es Zeit war zu handeln. Der Großkönig, der sich geweigert hatte, sich der Obhut seiner treu ergebenen griechischen Söldner anzuvertrauen, wurde gefangen gesetzt. Bessos, der sich seiner Zugehörigkeit zur Dynastie der Achaimeniden rühmen konnte, erklärte sich unter dem Namen Artaxerxes V. zu seinem Nachfolger. Der entmachtete König wurde in goldene Ketten gelegt und auf einen Wagen gesetzt, der in Richtung

Soldat, der nach Wasser suchte, noch gefesselt auf einem verlassenen Wagen liegend. Der Großkönig war tödlich verwundet worden. Bevor sie die Flucht ergriffen, hatten Satibarzanes und Barsaentes ihn erdolcht und in der Wüste verbluten lassen. Als Alexander seiner ansichtig wurde, war der Großkönig bereits tot. So blieb dem Makedonen, dem der Tod seines Gegners sichtlich zusetzte, nur noch die noble Geste, den Leichnam mit seinem Mantel zu bedecken.

DER NEUE KÖNIG VON ASIEN (330–329)

Nach Dareios' Tod versammelten sich die meisten iranischen Adligen um Alexander. Er gab offen zu erkennen, dass er sich als legitimer Nachfolger des verstorbenen Königs verstand, indem er seine Beisetzung nach altem persischem Brauch ausrichten ließ. Der Leichnam des Großkönigs wurde mit allen Ehren in Persepolis beigesetzt, wo auch die anderen Achaimenidenkönige bestattet waren. Seine treusten Gefolgsmänner nahm Alexander in seinen Mitarbeiterstab auf

Baktrien losfuhr. Als Alexander von einigen Deserteuren erfuhr, was geschehen war, überließ er Krateros die Führung über das Gros der Truppe und machte sich mit einigen leichtbewaffneten Einheiten eilends auf den Weg. Zwei Tage später erreichte er das Lager, wo die Verschwörung stattgefunden hatte. Es war verlassen. Mit noch rasanterem Tempo nahm er die Verfolgung wieder auf. Sechzehn Stunden später gelangte Alexander mit seinen völlig erschöpften Reitern zum Dorf, wo Bessos die Nacht verbracht hatte – es lag am Rand der Wüste Dasht-e Kavir. Als er von den Dorfbewohnern erfuhr, dass es eine Abkürzung gab, die durch wasserloses Gelände führte, ließ er 500 Männer auf die Pferde steigen, die die Strapazen überlebt hatten, und eilte weiter, ohne zu rasten. Nach 70 Kilometern erblickten sie im Morgengrauen die feindliche Truppe und stellten ihr nach. Bessos und seine Männer zerstreuten sich in der Ebene, den gesamten Tross den Feinden überlassend. Von Dareios jedoch fehlte jede Spur. Erst einige Zeit später fand ihn ein makedonischer

und gewährte ihnen Schutz. Der namhafteste unter ihnen war Oxyartes, der Bruder von Dareios, den er in seine persönliche Leibgarde aufnahm. Verglichen mit der Zeit, als Alexander behauptete, Dareios sei nichts anderes als ein Thronräuber, war das eine enorme Veränderung, und die Soldaten nahmen sie mit Staunen auf. Aber es sollte nicht die letzte Überraschung sein. Ermüdet von einem Feldzug, der sich nun schon Jahre hinzog, hatten die meisten Makedonen Dareios' Tod mit Freuden aufgenommen, weil sie

Oben: Der Relieffries der Apadana in Persepolis zeigt die unterworfenen Völker, die vor den Großkönig treten, um ihm den Tribut zu entrichten.

Linke Seite, oben: Königskopf aus vergoldetem Silber aus der Sassanidenzeit (4. Jh. n. Chr.); heute befindet sich der Fund aus dem Iran im Metropolitan Museum in New York.

Linke Seite, unten: Dhu'l-Qarnain auf dem Thron; Miniatur aus einer Handschrift der im 8./9. Jh. von al-Djahis verfassten Abhandlung über das Leben der Tiere (Mailand, Biblioteca Ambrosiana). Im islamischen Kulturkreis wurde Alexander mit dem »Zweihörnigen« aus dem Koran (18:83 ff.) identifiziert.

Arrian

»So also sah das Ende für Dareios aus [...]. Er besaß, wenn überhaupt, zu kriegerischen Taten zu wenig Energie und Selbstvertrauen. Im übrigen freilich hatte er keine unedle Handlung begangen bzw. keine Gelegenheit hierzu gehabt, denn es traf sich, dass sein Regierungsantritt mit dem Beginn des Kampfes gegen die Makedonen und Hellenen zusammenfiel.«

glaubten, dass damit nun endlich die Stunde geschlagen hatte, in der sie nach Hause zurückkehren konnten, um in den Genuss all der Reichtümer zu kommen, die sie während des Krieges angehäuft hatten. Aber diese Illusion nahm ihnen Alexander sehr schnell. Zur Konsolidierung des Weltreichs, das er erobert hatte, beabsichtigte der makedonische König nämlich, Bessos und die anderen Satrapen, die denjenigen verraten hatten, den er nunmehr als seinen Vorgänger auf dem Thron betrachtete, gefangen zu nehmen und zu bestrafen.

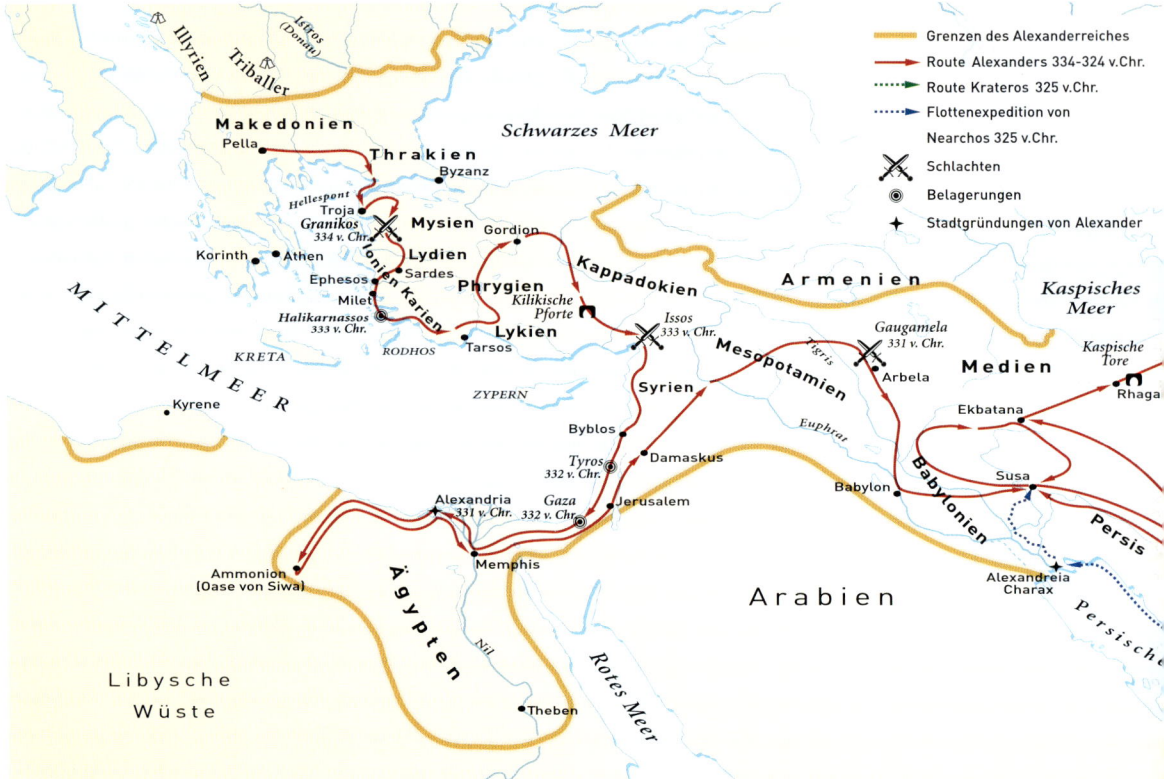

Vor den Augen der Veteranen vollzog sich eine seltsame Metamorphose: Perplex und argwöhnisch sahen sie zu, wie ihr König sich in einen orientalischen Monarchen verwandelte.

Die offenkundigsten Veränderungen betrafen den zeremoniellen Bereich: Um die neuen Untertanen zufrieden

zu stellen, übernahm Alexander wichtige Elemente des persischen Habitus. Immer häufiger zeigte er sich in einem der prächtigen Gewänder des Großkönigs, vor allem aber trug er sein Diadem und den Siegelring. Die wichtigste Veränderung trat ein, als Alexander zunächst nur von den persischen Untertanen, später auch von den Makedonen verlangte, die Proskynese zu verrichten, ein tiefer Kniefall, an den sich ein Kuss mit der Hand aus der Distanz anschloss. Diese Geste, die für die Perser selbstverständlich war, erschien den Griechen lächerlich, wenn nicht gar verachtenswert, und viele scheuten sich nicht, Alexander offen dafür zu kritisieren. Zu denen, die sich am meisten gegen die neue Sitte sträubten, gehörten Philotas, Parmenions Sohn und Kommandeur der Hetairenreiterei, und der Philosoph und Hofberichterstatter Kallisthenes, ein Fachmann auf dem Gebiet des Griechentums. Beide verloren wenig später ihr Leben. Philotas, der so beliebt war, dass er den König allmählich in den Schatten stellte, war das erste Opfer. Mit der Begründung,

Plutarch

»... während seines dortigen Aufenthalts [im Land der Parther] legte er zum ersten Mal persische Kleidung an. Möglicherweise wollte er sich den Landessitten anpassen in der Überzeugung, dass die Gleichheit der Sitten und Lebensgewohnheiten viel zur Gewinnung der Menschen beitragen könne. Vielleicht sollte es aber auch eine Probe sein im Hinblick auf die Einführung der Proskynese, und zwar für die Makedonen, dass diese sich allmählich an seine gewandelte Lebensart [...] gewöhnten«.

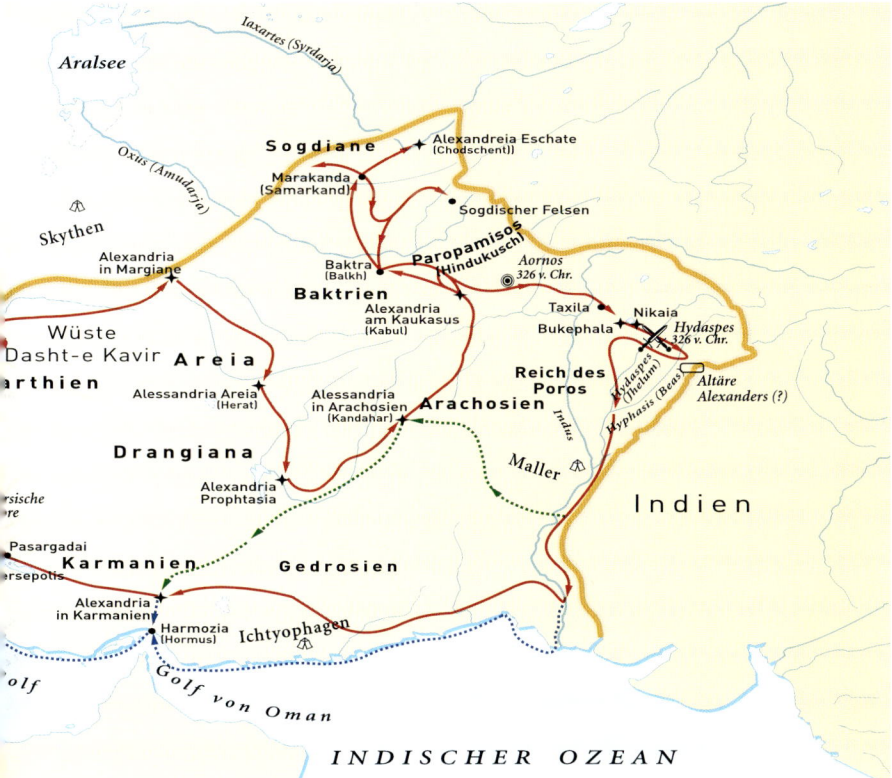

Die Karte zeigt die Ausdehnung und die Grenzen des Alexanderreiches, das von Griechenland bis nach Indien reichte. Nach der Einverleibung des Persischen Reiches bewies Alexander große politische Weitsicht, indem er die Gepflogenheiten und Traditionen seiner neuen Untertanen übernahm.

Unten: Die Ermordung des Perdikkas; Relieffries aus Marmor am Sarkophag des Abdalonymos, des letzten Königs von Sidon (Istanbul, Archäologisches Museum).

er habe Informationen über eine Verschwörung, die ihm zu Ohren gekommen waren, nicht weitergeleitet, wurde der hohe Offizier kurzerhand festgenommen und vor die Heeresversammlung geführt, wo er viele Feinde und Neider hatte.

Philotas versuchte sich

zu verteidigen und legte Beweise für seine Unschuld vor, aber noch nicht einmal Alexander – der einzige, der ihn begnadigen konnte – wollte hören, was sein Jugendfreund vorzubringen hatte. Auf den Vorschlag von Krateros hin wurde Philotas gefoltert, damit er seine Schuld eingestand, und später gesteinigt. Nach der Hinrichtung des Sohnes schien die Zuverlässigkeit von Parmenion mehr als fraglich, und so sandte Alexander – zumal die ernsthafte Gefahr bestand, dass

im Heer eine Meuterei ausbrach – Leute aus, die seinen Statthalter ermordeten. So starb, nunmehr siebzigjährig, unter den Dolchstößen einiger gedrungener Mörder der Mann, der maßgeblich am Erfolg sowohl Philipps als auch Alexanders mitgewirkt hatte. Die Botschaft war unmissverständlich, und das ganze Heer hatte verstanden, dass von nun an eine wie immer geartete Kritik an Alexander teuer bezahlt werden konnte.

Das Heer wurde durch die Nominierung einer neuen Führungsspitze konsolidiert. Das Kommando über die Hetairenreiterei wurde geteilt und ging an Hephaistion und Kleitos, Krateros wurde Vizekommandeur des Heeres, und Koinos, der Bruder des mit der Ermordung Parmenions beauftragten Offiziers, wurde das Kommando über die Infanterie übergeben.

Trotz der Ermordung von Philotas und Parmenion – beides Männer, die bei den Soldaten in hohem Ansehen standen –, und obwohl der König einige wenig vertrauenerweckende Charakterzüge an den Tag gelegt hatte, war Alexanders Autorität innerhalb des Heeres ungebrochen. Er konnte es davon überzeugen, durch die unwegsamen Regionen Zentralasiens bis in die Satrapien Areia und Drangiane weiterzumarschieren, ja sogar noch weiter, über die unzugänglichen Berge des Paropamisos (des heutigen Hindukusch) hinweg – immer noch auf der Jagd nach Bessos und seinen Komplizen, zumindest denjenigen, die nicht die Klugheit besessen hatten, sich dem Eroberer zu ergeben. Auf seinem Vormarsch nach Innerasien gründete der König, von einer schier unerschöpflichen Energie getrieben, eine neue Stadt nach der anderen – mindestens 42 davon sollen seinen Namen getragen haben: Alexandreia. Unter den neu gegründeten Zentren, die sei es aus militärischer, sei es aus wirtschaftlicher Sicht alle an strategisch wichtigen Punkten lagen, seien hier genannt: Alexandria in Areia, das heutige Herat, Alexandria in Arachosien, heute Kandahar, Alexandria in Sogdiane (die Ruinenstätte Ay Khanum) sowie Alexandria im Kaukasus nördlich vom heutigen Kabul. Hier wurden altgediente und für den aktiven Dienst nicht mehr taugliche Soldaten angesiedelt, die sich mit den einheimischen Völkern durchmischten und so die Kultur und Zivilisation des Mutterlandes in diese abgelegenen Regionen brachten. Mit seiner überbordenden Vitalität wuchs der König in den Augen seiner Männer ins Übermenschliche, während die unbekannten Länder, die sie durchquerten, Erinnerungen an alte Sagen wachriefen. So glaubten beispielsweise die Griechen, dass sie die Höhle von Prometheus gefunden hätten, jenem Titanen, der den Menschen das Feuer brachte, oder auch, dass sie dieselbe Route wie Herakles und Dionysos gegangen waren, die einst eine triumphale Reise gen Osten unternommen hatten.

Die Militärkampagnen waren aber auch richtiggehende Expeditionsreisen, während derer die Geographen und Wissenschaftler im Gefolge des Heeres methodisch Datenmaterial über die Entfernungen, das Klima, die Flora und Fauna dieser geheimnisumwobenen Länder sammelten. Ihre Berichte lieferten dem Abendland erste genaue Kenntnisse über einen großen Teil des asiatischen Kontinents.

Alexander, der immer bestrebt war, als der Beste zu erscheinen, marschierte stets vorneweg, ob der Weg durch die Wüste oder über verschneite Berge führte. Er lehnte den Schluck Wasser ab, den die Soldaten nur ihm anbieten durften, oder bahnte mit der Axt einen Weg durch das Eis. Mit gutem Beispiel vorangehend, schaffte er es, die erschöpften und mutlosen Soldaten immer wieder zu motivieren.

In Areia versprengte der makedonische König die Truppe des Satrapen Satibarzanes nach heftigen Kämpfen, bei denen der Verräter fiel. Alexander setzte die Verfolgung von Dareios' Mördern fort und marschierte weiter bis Baktrien, wobei er die befestigten Stellungen der Anhänger Bessos' entweder umging oder überrannte. Er überquerte den Hindukusch und rückte, ohne auf nennenswerten Widerstand zu treffen, bis Baktra vor, der Hauptstadt der Satrapie Baktrien, die in einer fruchtbaren Oase lag. In Bedrängnis geraten, musste der selbsternannte König Artaxerxes V. wieder die Flucht ergreifen. Er überquerte den Oxus, einen mächtigen Wasserlauf, der am Rand einer fast 80 Kilometer breiten, steinigen Wüste floss, und tauchte in Sogdiane unter.

Während der überstürzten Flucht hatte er befohlen, sämtliche Brücken und Boote zu zerstören, doch Alexander griff auf den altbewährten Notbehelf der mit Stroh gefüllten Tierhäute zurück und konnte so über den Fluss gelangen. Bessos aber ereilte das gleiche Schicksal wie seinen König, dessen Thron er sich bemächtigt hatte. Als klar war, dass er außerstande sein würde, die Invasoren erfolgreich abzuwehren, wurde er von seinem Heer und seinen skythischen Verbündeten im Stich gelassen. Als der Satrap in die Hände seines Gegners fiel, ging dieser mit barbarischer Härte gegen ihn vor. In Ketten und nackt musste er am Heer

Linke Seite: Reisender Orientale auf einem Kamel; rotfigurige Vase aus dem 5./4. Jh. v. Chr. (London, British Museum).

Oben: Silbernes Trinkgefäß aus dem Iran, 4. Jh. v. Chr. (Rom, Museo Nazionale d'Arte Orientale).

Alexander zwischen Orient und Okzident

Der Tod von Dareios III. stellte für Alexander menschlich wie politisch gesehen einen Wendepunkt dar. In der Zeit davor war der makedonische König stets als Verfechter des Griechentums und als Rächer des von den Persern gegen die Griechen begangenen Unrechts aufgetreten. Doch beim Anblick des leblosen Körpers seines Feindes ging ein radikaler Wandel in ihm vor.

Dieses Weltreich, das er bis eben noch bestrafen wollte, gehörte jetzt ihm, um es aber zu erhalten, musste er sich mit den alten Traditionen arrangieren, auf denen es aufbaute.

Die ersten Veränderungen ließen nicht lange auf sich warten. Der König, der nach alter orientalischer Sitte bereits den schönen Eunuchen Bagoas in seinen engsten Freundeskreis aufgenommen hatte, empfing nun die neuen iranischen Untertanen immer häufiger in persischer Tracht: Er trug einen Chiton aus rot-weiß gestreiftem Stoff, einen purpurnen Gürtel und auf dem Kopf das Diadem, das einst dem Großkönig gehört hatte. Es dauerte nicht lange, da wurden auch die Getreuen des Königs und die hohen Offiziere des Heeres aufgefordert, purpurverzierte Mäntel zu tragen und ihre Pferde mit dem feinen persischen Geschirr zu schmücken. Es heißt auch, dass die 365 Hetären des Dareios wieder in den Dienst genommen wurden (eine für jeden Tag des babylonischen Jahres), während das Leben am Hofe immer stärker durch das hoch komplizierte asiatische Zeremoniell geprägt wurde.

All diese Neuerungen wurden von den Veteranen erst mit Staunen aufgenommen, dann mit unverhohlener Feindseligkeit quittiert. Außerstande, die politische Notwendigkeit dieser Gesten zu begreifen, werteten die Makedonen sie schon bald als Ausdruck von Alexanders Arroganz und Korrumpierbarkeit ab.

Prozession von Würdenträgern; Relieffries an der Freitreppe der Apadana in Persepolis.

vorbeiziehen, er wurde ausgepeitscht, bis das Blut floss, und nachdem man ihm Nase und Ohren abgeschnitten hatte, wurde er nach Ekbatana geschafft, wo eine Versammlung iranischer Adliger ihm den Prozess machte und ihn anschließend zum Tode verurteilte. Wieder hatte Alexander entschieden, als persischer Monarch zu handeln, indem er mit fürchterlicher Brutalität Rache nahm an demjenigen, der Dareios verraten hatte. Kurze Zeit später fiel auch Barsaentes, der letzte Verschwörer, in die Hände der Makedonen. Er hatte sich bis nach Indien geflüchtet.

AUFSTÄNDE UND VERSCHWÖRUNGEN (329–327)

Aber auch diese Ereignisse brachten nicht das Ende des Eroberungszuges, im Gegenteil. Mit der Niederlage und Ermordung von Bessos begann eine neue Phase harter Auseinandersetzungen, in deren Verlauf die Erfolge sich oft als trügerisch erwiesen und die Anstrengungen zur Unterwerfung dieser Region verzweifelt anmuteten. Dabei schienen zu Beginn dieses neuen Feldzuges die Zeichen günstig zu stehen. Alexander hatte Sogdiane ohne größere Schwierigkeiten in Besitz genommen. Er war kampflos in Marakanda (heute Samarkand) einmarschiert und gelangte bis an den Iaxartes (Syrdarja), den die Makedonen zunächst für den Tanais (Don) hielten, der Europa von Asien trennte. Hier wollte Alexander eine Stadt gründen, Alexandreia Eschate, das »äußerste« Alexandria, das die nördliche Grenze seines Reiches markieren sollte – eine Grenze, jenseits derer nur noch die stolzen Nomadenvölker der Skythen lebten, die noch niemand hatte unterwerfen können. Während die ersten Bauarbeiten für die neue Stadt am Iaxartes anliefen, erreichte Alexander die Nachricht, dass in Sogdiane ein Aufstand ausgebrochen war, deren Anführer ein persischer Adliger namens Spitamenes war. Letzterer konnte auf den Groll der Bevölkerung über die Beschlagnahmungen und Beutezüge der makedonischen Armee bauen und führte einen erbarmungslosen Guerillakrieg. Er operierte mit einer Kerntruppe von Elitereitern, überfiel die abgelegenen Garnisonen und entzog sich geschickt dem makedonischen Zugriff, indem er Zuflucht in der Wüste suchte. Das war eine Kampfweise, die die Makedonen, die an offene Feldschlachten gewöhnt waren, in große Schwierigkeiten brachte. Alexander reagierte darauf mit der Bildung von flexibel einsetzbaren, selbstständig operierenden Einheiten, die auch Plünderungen durchführen durften. während er versuchte den Aufstand niederzuschlagen,

Links: Skythische (oder sakische) Abgesandte bringen dem Großkönig Geschenke dar; Relieffries an der Apadana in Persepolis.

Oben: Überreste eines Schwertes achaimenidisch-skythischer Machart aus der Zeit um 500–400 v. Chr. (Sankt Petersburg, Eremitage).

Rechte Seite, oben: Sterbender Krieger vom Ostgiebel des Tempels der Athena Aphaia in Ägina.

Unten: Gürtelaufsatz aus Gold; skythische Kunst (Sankt Petersburg, Eremitage).

ließ er auch Attacken gegen die Nomaden jenseits des Iaxartes reiten, jenes Flusses, der die Grenze zwischen der Welt der sesshaften Völker und der Welt der Steppenbewohner markierte. Damit wollte er seinen Feinden klarmachen, dass sie vor ihm nirgends wirklich sicher sein konnten. Obwohl der König in einem Scharmützel schwer verwundet wurde, war der Angriff erfolgreich, und viele skythische Stammesfürsten boten den Makedonen – terrorisiert durch ihre Katapulte und Ballisten – ihre Freundschaft an. Das aber änderte nichts daran, dass Spitamenes weitere Erfolge für sich

verbuchen konnte. Bei einem seiner Überfälle besiegte er eine makedonisches Truppe von über 2.000 Mann, die sich zum Fluss Polytimetos zurückgezogen hatte. Seit Beginn des Feldzuges war das die erste Niederlage, die die Truppen des Eroberers einstecken mussten.

Diese Nachricht löste mit Sicherheit ein Gefühl des Unbehagens und eine gewisse Nervosität bei Alexanders Männern, ja sogar bei seinen intimsten Freunden aus. Einige hatten sich ohnehin immer stärker von ihrem König distanziert, der nach wie vor für sie unverständliche Verhaltensweisen an den Tag legte. Im Herbst des Jahres 328 spitze sich die Lage dramatisch zu. Während einem der Festmahle, die der König regelmäßig für seine Gefährten gab, kam es zwischen den betrunkenen Männern zu einem Wortwechsel. Anscheinend entzündete sich der Streit um die Frage der Tüchtigkeit der Soldaten, wobei der König behauptete, dass die Soldaten Philipps es weniger seien als die Kämpfer der neuen Generation. Kleitos, der nicht nur ein langjähriger Freund Alexanders war, sondern ihm in der Schlacht am Granikos sogar das Leben gerettet hatte, echauffierte sich und nahm die Veteranen in Schutz. Er wetterte gegen das neue zeremonielle Gebaren des Königs und behauptete, dass der Erfolg des Feldzugs viel mehr dem Mut der Soldaten als dem des Königs zu verdanken sei. Betrunken vom vielen Wein, was immer häufiger geschah, riss Alexander einem Gardisten

Für Alexander war nun die Zeit gekommen, sich daran zu machen, ein dauerhaftes Reich aufzubauen. Um sein Ziel zu erreichen, setzte er auf die Verschmelzung zwischen Eroberern und Eroberten. Es war ein langfristig angelegtes Projekt, das er gegen den heftigen Widerstand, vor allem seitens der Makedonen, durchsetzen musste. Der erste Schritt in diese Richtung geschah, wie seine Biographen berichten, weniger aus reiflicher Überlegung, sondern war vielmehr emotional motiviert. Zu Beginn des Jahres 327 beschloss der König, das Winterquartier abzubrechen und die Gebirgszüge in der östlichen Sogdiane, deren Bewohner sich immer noch nicht ergeben hatten, endgültig in Besitz zu nehmen. Obwohl die Feinde nicht zahlreich waren, war es kein leichtes Unterfangen. Die Witterung war so widrig, dass viele makedonische Soldaten umkamen. Die Sogdier hingegen, die sich auf eine uneinnehmbare Festung zwischen steilen Felsen geflüchtet hatten, fühlten sich sicher. Von dort oben provozierten sie immer wieder die Gegner mit der Aussage, dass sie sich erst Soldaten mit Flügeln besorgen müssten, bevor sie den Felsen erstürmen könnten. Alexander, der es hasste, ausgelacht zu werden, setzte für jeden, der die Spitze des Felsens hinter der Festung erreichte, eine gewaltige Belohnung aus. Es meldeten sich dreihundert makedonische Felskletterer, die mit Seilen und eisernen Zeltpflöcken ausgerüs-

die Lanze aus der Hand und durchbohrte damit den Freund. Als er wieder zu sich kam, war der König zutiefst verzweifelt und versuchte aus Reue und Scham über die Tat, die Waffe gegen sich zu richten. Nur mit Mühe konnten ihn sein Gefährten zurückhalten. Es dauerte mehrere Tage, bis er die Last der Schuld dieses Verbrechens verarbeiten konnte, und nur dank des unerschütterlichen Vertrauens seiner Männer fasste er wieder Mut.

Derweil unternahm Spitamenes weitere Überfälle, aber auch sein Schicksal begann allmählich eine andere Wende zu nehmen. Nach einem Angriff in Baktrien, bei dem er die Garnison der Festung Zariaspa vernichtet hatte, wurde der Rebellenführer durch die Truppen des Krateros angegriffen und in die Flucht geschlagen; wenig später brachte ihm Koinos, der beherzte Kommandeur der makedonischen Infanterie, große Verluste bei. Nach dieser Schlacht waren die Truppen des Rebellen endgültig zerschlagen. Zum Zeichen des Friedens schickten die Skythen, die an den Überfällen gegen die Makedonen teilgenommen hatten, das Haupt des ermordeten Spitamenes an Alexander. Der letzte persische Versuch, sich von den Invasoren zu befreien, war gescheitert.

tet waren. Sie erklommen den Felsen wie echte Ge-
birgsjäger und gelangten zur vereinbarten Stunde auf
die Spitze. Die Sogdier waren so bestürzt angesichts
ihrer Feinde, für die nichts unmöglich zu sein schien,
dass sie beschlossen, sich zu ergeben, und ihr Anführer,
ein Adliger mit Namen Oxyartes, gab ein Festmahl
für den Eroberer. Unter den geladenen Gästen befand
sich auch Roxane – was auf Persisch »kleiner Stern«
bedeutet –, die Tochter des Oxyartes, ein junges Mädchen von außerordentlicher Schönheit. Der König, der
mit Ausnahme von Barsine immer homoerotische Be-

Oben: *Hochzeit Alexanders
d. Gr. mit Roxane,* Fresko von
Giambattista Crosato, um
1752–58.
Linke Seite, oben: Goldener
Kamm mit Kampfszene;

skythische Kunst (Sankt
Petersburg, Eremitage).
Unten: Alexander im Kampf
gegen die Skythen; Miniatur
aus einer Handschrift der
Chamse von Nisami (15. Jh.).

Curtius Rufus

*»Auf diese Weise nahm der König von Asien und
Europa ein Mädchen [...] zur Frau, um dann
mit einer Gefangenen den Sohn zu zeugen, der
über die Sieger herrschen sollte.«*

ziehungen vorgezogen hatte, verliebte sich auf den
ersten Blick in sie und hielt um ihre Hand an. Die
Eheschließung hatte auch eine ganz klare politische
Bedeutung. Mit seinem Beispiel – dem zu folgen seine
Kampfgefährten aufgefordert waren – beabsichtigte
Alexander, die faktische Bindung zwischen Besiegten
und Siegern zu fördern.
In dieser Absicht unternahm Alexander diverse Schrit-
te. Oxyartes, nunmehr der Schwager des Königs, wurde
in den makedonischen Führungskreis aufgenommen,
seine Söhne in die Eliteeinheiten des Heeres eingeglie-
dert. Inzwischen hatte Alexanders Streitmacht immer

stärker ihren ursprünglichen Charakter verloren. Seite an Seite mit den makedonischen Soldaten und den wenigen übrig gebliebenen griechischen Söldnern dienten nun große Einheiten aus Baktrien und Sogdiane. Der König hatte persönlich veranlasst, dass 30.000 junge Männer aus diesen Regionen rekrutiert und in makedonischer Kampfesweise ausgebildet wurden. Auch bei den Zeremonien am Hof waren der makedonische und der iranische Adel immer paritätischer vertreten, mit der Folge, dass das Zeremoniell immer stärkere asiatische Züge annahm. Der Unmut der Makedonen, der sich bis zu diesem Zeitpunkt meist in Form einer stillen Empörung geäußert hatte, wurde nun offen durch Kallisthenes, den Vetter des Aristoteles, ausgesprochen. Der Historiker, der bis dahin einer der größten Verherrlicher des Königs gewesen war, lehnte es ab, sich vor Alexander niederzuwerfen, und behauptete, dass die Proskynese die Würde der freien Bürger

von Hellas verletzen würde. Dieses unerwartete Verhalten schmerzte Alexander sehr, der fortan starke Ressentiments gegen den Griechen hegte. Einige Zeit später wurde eine neue Verschwörung aufgedeckt. Dieses Mal war der Komplott von einem Pagen geschmiedet worden, der sich für die Stockhiebe rächen wollte, die er für einen Verstoß gegen die Etikette bekommen hatte: Auf einer Jagd tötete er einen Eber, den Alexander erlegen wollte. Deshalb hatte der junge Mann einen Plan zur Beseitigung desjenigen geschmiedet, den er und auch andere für einen Tyrannen hielten. Nach seiner Verhaftung und der seiner Komplizen entschlüpfte dem Pagen der Name Kallisthenes, der sein Erzieher gewesen war, als geistiger Urheber der Verschwörung. Das war eine gute Gelegenheit für den Monarchen, gegen den Höfling vorzugehen, ohne dafür von denjenigen in seiner Entourage, die Kallisthenes weiterhin bewunderten und schätzten, verurteilt zu

werden. Der Historiker wurde festgenommen und verbrachte vermutlich den Rest seiner Tage im Gefängnis. Dieser Vorfall entzweite auf immer Alexander und seinen alten Meister Aristoteles, der ab da alle Beziehungen zum Herrscher von Asien abbrach. Das Verhalten Alexanders löste zunehmend Empörung bei seinen Biographen aus. Heute jedoch sind bei der Formulierung eines Urteils noch andere Überlegungen zu berücksichtigen. Beispielsweise sollte man die Tatsache nicht ignorieren, dass Kallisthenes – wie im Übrigen auch Aristoteles – ein fanatischer Befürworter der Überlegenheit der Griechen gegenüber allen »barbarischen« Völkern war, die in seinen Augen zu unterwerfen waren. Es besteht kein Zweifel, dass die Politik Alexanders eine substanzielle Gleichheit zwischen Eroberern und Eroberten förderte. Auch wenn diese Gleichheit mit brutalen Methoden umgesetzt wurde und auf persönliche Machtentfaltung abzielte, war sie doch wesentlich vernünftiger und fortschrittlicher und auf dauerhafte Erfolge ausgerichtet. Das kühne Projekt Alexanders, das die Makedonen und Griechen des europäischen Festlandes inakzeptabel fanden, weil sie darin einen Verrat an der griechischen Sache sahen, wurde von den Griechen Kleinasiens, die sich seit Jahrhun-

Links: Die Ruinenstätte von Ay Khanum am oberen Amudarja (früher Oxus): lange Säulenreihe südlich vom Innenhof des Palastes. Die Stadt wurde kurz nach dem Tod von Spitamenes (327 v. Chr.) gegrünedt und war einst unter dem Namen Alexandria in Sogdiane bekannt.

Rechte Seite, oben: Das 1816 in Vigna Moroni nahe Rom entdeckte Marmorrelief stammt aus der Zeit der flavischen Dynastien; dargestellt sind Alexander als Zeus, Poseidon und Herakles (Vatikan, Museo Gregoriano Etrusco, Antiquarium Romanum).

Unten: Die Eisenschwerter aus dem Jahr 336 v. Chr. wurden im Erdhügel über dem Grab des makedonischen Königs Philipp II. in Vergina entdeckt. Mit solchen Waffen wurden die makedonischen Reiter ausgerüstet.

derten problemlos mit den benachbarten Völkern durchmischten, sehr wohl verstanden und geschätzt. Sie waren folglich die Ersten, die den genialen Traum des Königs teilten.

Ungeachtet dessen sollten sich bald für alle faszinierende neue Perspektiven eröffnen. Nachdem die nordöstlichen Grenzregionen befriedet waren, packte Alexander erneut diese unbezwingbare Sehnsucht, die Grenzen des Menschenmöglichen zu überwinden. Er wollte nun seinen Plan der Herrschaft über ganz Asien zu Ende führen und an die äußersten Grenzen der Welt vorstoßen. Das neue Ziel war ein Land, das die persische Herrschaft nur formal kennen gelernt hatte:

das legendäre Indien. Der Wunsch, in dieser Richtung weiterzugehen, verfolgte den König schon lange und er hatte bereits Kontakt zu einigen Stammesfürsten dieser Region aufgenommen und ihre Huldigungen entgegengenommen. Doch das Vorhaben war noch recht vage, da kaum geographische Kenntnisse vorhanden waren. Alexander, der sein Wissen aus den lückenhaften Erkenntnissen seiner Epoche bezog, war davon überzeugt, dass das Land, das sich zwischen dem Indus und dem Ozean erstreckte, relativ begrenzt war. Laut den gängigsten Theorien war der Pandschab eine Halbinsel, die sich zum südlichen Ozean hin erstreckte und möglicherweise mit dem afrikanischen Kontinent ver-

bunden war. Es kursierten Vermutungen, wonach es möglich war, über den Pandschab direkt nach Ägypten zu gelangen. Folglich gestaltete sich der Indienzug wie eine echte Entdeckungsreise.

In strategischer wie politischer Hinsicht wurde der Feldzug bis ins kleinste Detail vorbereitet; es wurden diplomatische Beziehungen mit den nahe gelegenen Gebieten geknüpft und das Heer neu organisiert. Es wurde insgesamt mobiler gemacht und um massive iranische Kontingente verstärkt, die über Wurfwaffen und Abteilungen von berittenen Bogenschützen verfügten. Einige Einheiten, darunter insbesondere die Hypaspisten, bekamen herrliche Rüstungen und neue Schilde aus Silber, die so prachtvoll waren, dass die Feinde gewiss die Fassung verlieren würden. Diese Unternehmung, die Alexander den Besitz der östlichen Grenzregionen der Oikumene, der bewohnten Welt, sichern sollte, musste in allem grandios sein.

AN DEN GRENZEN DER WELT

Als neuer Herrscher im Reich der Perser träumt Alexander davon, seine Eroberungen bis an das äußerste Ende der Oikumene auszudehnen. Doch die Weigerung der Truppen, den Marsch fortzusetzen, und eine mysteriöse und tödliche Krankheit setzen seinem Unternehmen ein Ende. Ein Mythos wird geboren.

Aufbruch in ein legendäres Land (327–326)

Im Spätfrühjahr 327 setzte sich das Heer Alexanders wieder in Bewegung. Laut Aussage der antiken Historiker waren nicht weniger als 120.000 Menschen unterwegs: Kämpfer (hauptsächlich Asiaten), Frauen, Kinder, Händler und Begleitpersonen aller Art – ein ganzes Volk auf Wanderschaft. Diese Menschenmasse brach von Baktra zunächst in Richtung Süden auf und überquerte erneut die Gebirgszüge des Paropamisos. Um das Vorankommen zu erleichtern, befahl der König, überflüssiges Gepäck einschließlich der Wagen, die die Beute transportierten, zu verbrennen. Alexander ging selbst mit gutem Beispiel voran, indem er einige seiner Besitztümer in Flammen aufgehen ließ. Seine Männer machten es ihm gleich, ohne zu protestieren: ein deutliches Zeichen dafür, dass der Souverän noch immer unumschränkte Autorität besaß. Nach der Überquerung des Hindukusch, die sich dank der günstigen

Jahreszeit einfach gestaltete, beschloss der König, einige Monate in Alexandria am Kaukasus zu pausieren. Hier wurden die Reihen des Heeres, inzwischen ein wahres Völkergemisch, um einheimische Rekruten verstärkt. Vor dem Aufbruch teilte Alexander seine Streitmacht in zwei Säulen. Ein Teil der Truppen unter der Führung von Perdikkas und Hephaistion sollte mit dem Großteil des Trosses auf der Hauptroute nach Indien über den Khaibar-Pass zum Industal vorstoßen und hatte die Aufgabe, die Verbindungswege zu sichern und Vorräte anzulegen. Der andere Teil der Truppen unter dem persönlichen Kommando von Alexander schlug einen Weg weiter nördlich durch die Täler im Gebiet von Nurestan und Swat ein. Hier leistete die Bevölkerung erbitterten Widerstand gegen die Invasion, und das makedonische Heer musste sich den Weg hart erkämpfen. Der Feldzug zog sich über rund sechs Monate hin und war mit erheblichen Schwierigkeiten verbunden. In verschiedenen Fällen zogen sich die

Einheimischen in ihre Fliehburgen zurück und trafen Vorkehrungen, um der Belagerung standzuhalten. Um den Widerstand zu brechen, verfuhr Alexander mit äußerster Unnachsichtigkeit, indem er einen Großteil der Verteidiger und Einwohner massakrieren ließ. Im Land der Assakenen ordnete der König, entgegen den bestehenden Vereinbarungen, die Ermordung von einigen Tausend indischen Söldnern an, die sich ergeben hatten, aber nun wohl desertieren wollten. Gegenüber den Einwohnern von Nysa hingegen zeigte er sich sehr großzügig, da sie ihn davon überzeugen konnten, dass ihre Stadt dem Dionysos heilig war, also der Gottheit, der seine Mutter Olympias so viel Verehrung entgegenbrachte. Hier legten die Makedonen eine Rast ein, um Opfer darzubringen und ein Festgelage zu veranstalten, hoch erfreut darüber, in dieser abgelegenen Gegend etwas gefunden zu haben, das sie in Gedanken mit ihrem Mutterland verband. Es ist jedoch sehr wahrscheinlich, dass dieser Kult, den die Griechen mit Dionysos assoziierten, in Wirklichkeit dem hinduistischen Gott Shiva galt. Die nächste Etappe war die Eroberung eines befestigten Berges, des »Felsens von Aornos«, den, wie die Legende berichtete, nicht einmal der Halbgott Herakles hatte einnehmen können. Alexander empfand diese Unternehmung als besondere Herausforderung und leitete die Operation in die Wege, fest entschlossen allen zu beweisen, dass er seinem legendären Vorfahren überlegen war. Der König schickte Ptolemaios mit einer kleinen Truppe los, um eine der Anhöhen zu besetzen und zu befestigen. Er selbst führte den Angriff an der Spitze seiner robusten makedonischen Kletterer und der Agrianen. Sie überwand an Abgründen und Schluchten und errichteten Brücken und Erdwälle

Oben: Messer aus Kupfer und Pfeilspitze aus Eisen aus dem 5./4. Jh. v. Chr. Sie wurden in Gräbern der Nekropole von Katelai im Swatgebiet (Pakistan) gefunden und werden heute im Museo d'Arte Nazionale Orientale in Rom aufbewahrt.

Unten: Kapitellplastik aus grünem Schiefer aus Butkara im Swatgebiet (Nordpakistan). Linke Seite: Ruinen der antiken Stadt Bazira, die von Alexander erobert wurde (Swat, Pakistan).

an den Überhängen. Von diesen Stützpunkten aus nahmen die makedonischen Artilleristen das Bollwerk mit Ballisten und Katapulten unter Beschuss. Den entscheidenden Angriff führte Alexander persönlich mit seinen Kletterern durch, die in die Festung eindrangen und die Verteidigung ganz ausschalteten. Wieder einmal schienen das Genie Alexanders und die Ausdauer seiner Soldaten die Grenzen des Menschenmöglichen überwunden zu haben und dem Reich der Mythen und Legenden ein Stück näher zu rücken.

Überhaupt hatte alles bei dieser Reise etwas Legendäres. Das exotische Flair der durchquerten Länder, von denen man nur wenig oder gar nichts wusste, ließ diesen Feldzug immer irrealer und wie ein Rausch erscheinen; der Souverän wurde wie ein zweiter Dionysos gesehen, der siegreich durch die Welt zog. In der Auseinandersetzung mit dieser unbekannten Weltengegend griffen die Griechen gern auf Bilder aus ihrer Mythologie zurück, und sie interpretierten alles Neue, mit dem sie sich konfrontiert sahen, aus ihrem eigenen kulturellen Fundus heraus. Im Frühjahr 326 stieß der König, nachdem er die neu eroberten Regionen wie üblich ihm treu

ergebenen Veteranen anvertraut und sich damit ihre Gefolgschaft gesichert hatte, zu den Truppen von Perdikkas und Hephaistion, die am Indus lagerten.

EIN NEUER GEFÄHRLICHER GEGNER (326)

Das gesamte Heer überquerte den Indus über eine Brücke aus Booten, die als Pontons dienten, und drang in das Land des indischen Herrschers Taxiles ein. Wie andere Radschas der Gegend hatte auch er schon seit geraumer Zeit Kontakt zu Alexander aufgenommen und ihm militärische Unterstützung zugesichert, wenn dieser ihm im Gegenzug im Krieg, den er gerade gegen die Nachbarfürsten führte, behilflich war. Der Radscha hielt sein Versprechen und machte sich zum Vasallen des makedonischen Königs. Er schickte ihm Nahrungsmittel und andere Hilfsgüter und empfing die Fremden in der Hauptstadt Taxila. In diesem Königreich kamen die Griechen zum ersten Mal mit äußerst seltsamen örtlichen Bräuchen in Berührung. Sie sahen Männer mit gefärbten Haaren und Bärten, die Gewänder aus Baumwolle trugen und sich mit Schirmen gegen die Sonne schützten; sie begegneten Fakiren, hinduistischen Gelehrten und vermutlich auch einigen buddhistischen Meistern (auch wenn Buddha in den Augen der griechischen Soldaten nur einer der Anhänger im Gefolge des Dionysos war); die Griechen staunten über Bräuche wie die Witwenverbrennung oder dass Leichen den Hunden und Geiern zum Fraß vorgeworfen wurden. Wissensdurstig wie immer, schickte Alexander einen seiner Gelehrten, den kynischen Philosophen Onesikritos, zu den berühmten Weisen, die ihre Lehren nackt unter der sengenden Sonne verkündeten, damit

Oben: Alexander empfängt eine indische Delegation; Fresko von Jean-Baptiste Champaigne (1631–1684) im Schloss von Versailles.

Rechte Seite oben: eine Statue des stehenden Buddha aus grünem Schiefer aus dem 2./3. Jh. n. Chr..

Rechte Seite unten: eine Zimbelspielerin aus Butkara (beide Werke befinden sich heute im Museo Nazionale d'Arte Orientale in Rom).

er mit ihnen diskutierte. Das Gespräch gestaltete sich jedoch alles andere als einfach, sei es, weil die Dolmetscher von der Sache zu wenig verstanden, sei es, weil Onesikritos alles durch die Brille seiner vorgefassten Meinung sah. Wir wissen aber, dass der größte dieser Meister Alexander anerkennend als »Philosophen in Rüstung« bezeichnete und dass einer der Weisen, den die Griechen Kalanos nannten, aus Neugier über die Neuankömmlinge beschloss, sich dem Gefolge der Eroberer anzuschließen. In den beiden darauf folgenden Jahren unterrichtete der ehrwürdige Asket die Offiziere des Heeres, die sich für seine Lehren interessierten, und konnte sogar den König für sich einnehmen. Doch Indien war nicht nur ein seltsames Land, wo man auf Fakire, Kriegselefanten und Flüsse stieß, in denen es von Fischen und Krokodilen wimmelte. Dort unten konnte der makedonische König auch auf einige der tüchtigsten Krieger treffen, mit denen er sich niemals hätte messen können, und vielen unerwarteten Gefahren begegnen, gegen die seine große Intelligenz und alle bis dahin gesammelte Erfahrung nichts hätten ausrichten können. Wie die Dinge sich verhielten, wurde alsbald deutlich, als Alexander gegen die mit Taxiles verfeindeten Regenten – Abisares, den Herrscher von Kaschmir, und vor allem den kriegerischen Poros, den Radscha von Paurava – vorrückte. Beide forderte der makedonische König auf, sich ihm zu unterwerfen, doch während Abisares sich beeilte, Gesandte zu schicken, um Verhandlungen einzuleiten, ließ der vornehme und selbstherrliche Poros Alexander wissen, dass sein einziger Tribut die Entsendung bewaffneter Männer sein würde. Damit war eine Konfrontation unvermeidlich. Der Radscha hatte sich sehr sorgfältig auf die

Schlacht vorbereitet, zog ein mächtiges Heer mit Hunderten von Kriegswagen und einer großen Anzahl bestens dressierter Elefanten zusammen und erwartete die Truppen der Invasoren in einer exzellenten Lage, nämlich am Ufer des breiten Stromes Hydaspes. Um der Herausforderung mit Bravour begegnen zu können, setzte Alexander seinen ganzen Einfallsreichtum als Stratege ein. Er entfaltete sein Heer auf der gegenüber-

Die Schlacht am Hydaspes

Die Schlacht am Hydaspes (heute Jhelum) war Alexanders letzte große Feldschlacht. Seine Feinde waren die Inder unter der Führung von Poros, dem Radscha von Paurava. Nachdem er sich mehrfach geweigert hatte, Alexander zu huldigen, zog Poros ein mächtiges Heer mit Streitwagen und über 200 Kriegselefanten zusammen, entfaltete es am linken Flussufer und wartete dort auf seinen Feind. Alexander jedoch täuschte ihn mit einigen einfallsreichen Manövern und umging das feindliche Heer, indem er sich weiter nach Norden wandte, um den Fluss zu passieren. Die Überquerung bereitete allerdings Schwierigkeiten. Die Makedonen hatten die Boote für die Übersetzung bereits zurückgeschickt, als sie merkten, dass sie auf einer Insel mitten im Fluss gelandet waren, und so mussten sie

das letzte Stück bis zum feindlichen Ufer schwimmen. Alexander rückte im Galopp mit seinen berittenen Bogenschützen und der Hetairenreiterei vor, gefolgt von der Infanterie. Die Makedonen wurden von der indischen Vorhut gesichtet, überrannten aber die ersten Verteidigungsstellungen und töteten den Sohn des Poros. Erst dann setzte sich der Radscha mit dem größten Teil seiner Truppen in Bewegung und stellte sie in einer breiten Front gegenüber dem Feind auf, die Elefanten in vorderster Reihe, die Reiterei und die Kampfwagen auf den Flügeln, um die Invasoren einkesseln zu können. Alexander nahm kurzfristig eine Umstellung seiner Truppen vor und ging sofort zum Angriff über. Er ließ die Phalanxsoldaten und Wurfspießkämpfer im Zentrum zurück, um die kampfwütigen Elefanten aufzuhalten, und attackierte den linken Flügel von Poros' Schlachtreihe. Die persischen Bogenschützen zu Pferde töteten die Wagenlenker, und Alexander stürmte mit seinen Getreuen gegen die Reiter an. In diesem Moment schickte Poros seine

Rechts: Karte der feindlichen Stellungen bei der Schlacht am Hydaspes, die Alexander den Indern unter Führung von Poros, des Radschas von Paurava, lieferte. Es war die letzte offene Feldschlacht des großen makedonischen Feldherrn.

Unten: Silberne Zehnerdrachme Alexanders aus der Zeit um 326 bis 323 v. Chr. Die Prägung zeigt auf der Vorderseite den Angriff eines makedonischen Reiters (Alexander mit Bukephalos?) auf den auf einem Kriegselefanten reitenden indischen Herrscher Poros, auf der Rückseite Alexander (?) in Kriegsmontur mit einem Blitz in der rechten und eine Lanze in der linken Hand.

Linke Seite: *Die Schlacht Alexanders gegen Poros*, Gemälde von François Joseph Watteau (Lille, Musée des Beaux-Arts).

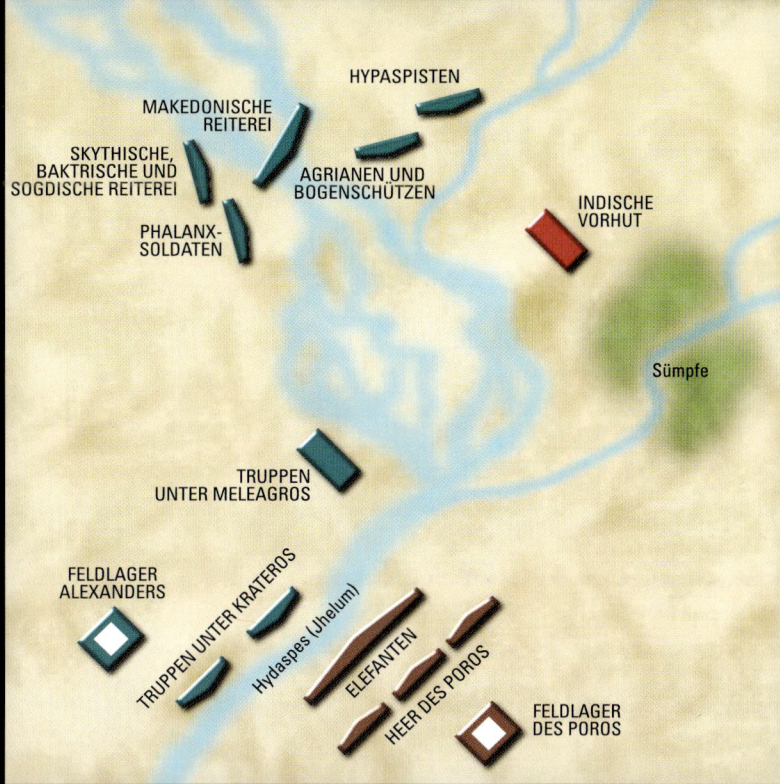

HYPASPISTEN

MAKEDONISCHE REITEREI

SKYTHISCHE, BAKTRISCHE UND SOGDISCHE REITEREI

AGRIANEN UND BOGENSCHÜTZEN

INDISCHE VORHUT

PHALANX-SOLDATEN

Sümpfe

TRUPPEN UNTER MELEAGROS

FELDLAGER ALEXANDERS

TRUPPEN UNTER KRATEROS

Hydaspes (Jhelum)

ELEFANTEN

HEER DES POROS

FELDLAGER DES POROS

Kavallerie los, um ihn aufzuhalten. Genau darauf hatte der makedonische Feldherr spekuliert. General Koinos, der am anderen Flügel Stellung bezogen hatte, griff mit tausend Reitern in das Geschehen ein und attackierte die indische Kavallerie von hinten, sodass sie in der Falle saß. Der Radscha versuchte mit seinen Elefanten einzugreifen, doch den makedonischen Infanteristen gelang es, dem Ansturm der Dickhäuter standzuhalten, indem sie Pfeile und Sarissen einsetzten, um die Lenker aus dem Sattel zu werfen und die Tiere zu treffen. Die Elefanten gerieten immer mehr in Verwirrung, bis sie schließlich auch die eigenen Leute niedertrampelten. Das indische Heer verwandelte sich in eine konfuse Masse aus Elefanten, Männern und Pferden, die die makedonische Kavallerie umzingelte und die durch die Blockformationen der Phalanxsoldaten und Hypaspisten bedrängt wurde. Poros, ein tapferer Krieger von beeindruckender Statur, kämpfte mutig bis zuletzt auf seinem riesigen Kriegselefanten, von dem er unentwegt Pfeile abschoss, doch als er verwundet wurde, musste er schließlich zurückweichen. Die Schlacht war entschieden. Die Truppen unter Krateros, die zur Täuschung des Feindes am rechten Ufer geblieben waren, überschritten den Fluss und schlossen sich Alexander an, der die Verfolgung des flüchtenden Feindes aufgenommen hatte. Die Schlacht am Hydaspes war Alexanders blutigster Sieg. Poros, der zwei Drittel seines Heeres verloren hatte, ging auf die Forderungen des Feindes ein und machte sich zu seinem Vasallen.

liegenden Seite des Flusses, ließ seine Offiziere Tag und Nacht Angriffe simulieren, indem die Soldaten in voller Rüstung am Ufer aufmarschierten und das Horn bliesen.

Jedes Mal sahen sich die indischen Truppen gezwungen, in Verteidigungsstellung zu gehen, was auf Dauer ermüdend war und ihre Wachsamkeit beeinträchtigte. Genau das hatte Alexander beabsichtigt. Er überließ Krateros ein großes Truppenkontingent und befahl ihm, weitere Angriffsvorbereitungen vorzutäuschen, während er selbst an der Spitze einer ausgewählten Truppe den Fluss an einer Stelle passieren wollte, die sich etwa fünfundzwanzig Kilometer stromaufwärts seines Lagers befand. Als Poros begriff, was vor sich ging, schickte er zunächst die Vorhut unter dem Kommando seines eigenen Sohnes, dann das Gros seines Heeres dem Feind entgegen. Die Kämpfe, die nun folgten, gehörten zu den brutalsten, die Alexander jemals ausgetragen hatte. Die altgedienten Makedonen, insbesondere die Phalanxsoldaten, mussten sich gegen den Sturmangriff von mehreren hundert Dickhäutern verteidigen. Aber letztendlich bestanden sie auch diese Aufgabe erfolgreich. Im Unterschied zu Dareios kämpfte Poros bis zuletzt, und erst als er verwundet war, bat er darum, dem Sieger vorgeführt zu werden.

Die Begegnung zwischen den beiden edlen und tapferen Gegnern verlief sehr ritterlich. Alexander nahm die Huldigung des Radschas entgegen und bestätigte ihn nicht nur als Herrscher seines Landes, sondern vergrößerte dieses sogar um einige angrenzende Gebiete. Diese Entscheidung erwies sich als sehr weise, denn von diesem Zeitpunkt an war Poros sein

Curtius Rufus

»... andererseits ließen ihm seine Ruhmsucht und sein unersättliches Verlangen, sich einen Namen zu machen, nichts unzugänglich und nichts zu entlegen erscheinen.«

stärkster und treuester Verbündeter in der gesamten Region.

Nach der Schlacht am Hydaspes, die seine letzte große Feldschlacht sein sollte, gründete Alexander zwei neue Städte: Nikaia, die »Siegesstadt«, und eine weitere, die er zum Gedenken an sein glorreiches Schlachtross, das kurz zuvor an Altersschwäche gestorben war, Bukephala nannte.

Anschließend ließ er eine große Flotte bauen. Geplant war, sie den Indus abwärts fahren zu lassen, den viele aufgrund der dürftigen damaligen geographischen Kenntnisse für den Oberlauf des Nils hielten, eine Annahme, die scheinbar dadurch bekräftigt wurde, dass Krokodile darin lebten. Alexander hingegen wollte mit dem größten Teil seines Heeres nach Osten bis zu den Grenzen der Welt ziehen. Grenzen, die freilich, je näher man ihnen kam, in immer größere Ferne rückten. Auf ihrem Vormarsch sammelten die Soldaten weitere Kenntnisse und mussten feststellen, dass die Gegebenheiten völlig anders waren, als man angenommen

hatte. Zunächst entdeckten sie, dass der Indus in ein unbekanntes Meer mündete, das nichts mit dem Nil zu tun hatte. Dann erfuhren sie, dass sich weiter im Osten eine riesige Ebene erstreckte, durch die ein großer Strom (der Ganges) floss, an dessen Gestaden ein kriegerisches Volk lebte, das über noch größere und kampftüchtigere Elefanten verfügte als Poros. Diese Nachrichten beunruhigten den König nicht, im Gegenteil, die Aussicht auf eine neue Auseinandersetzung stachelte ihn regelrecht an. Eine übermenschliche

Oben: *Alexander und Poros,* Gemälde von Charles Le Brun aus dem Jahr 1673 (Paris, Louvre).

Rechts: Das Relief dieses griechischen Brunnens stellt Opferszenen dar (Rom, Vatikanische Museen).

Linke Seite: Vasenmalerei auf einer großen Schale aus der Zeit um 280 v. Chr.; dargestellt sind Kriegselefanten (Rom, Museo di Villa Giulia).

Unternehmung wie die Eroberung von Asien konnte und musste heroische Dimensionen annehmen. Der König befahl weiterzumarschieren.

Aber nun, zum ersten Mal, verweigerten die Truppen den Befehl. Für sie war die Situation unerträglich geworden. Die Monsunregen, die den Griechen völlig unbekannt waren, hatten den Pandschab in eine Morastwüste verwandelt, in der sich Giftschlangen tummelten, und der Vormarsch wurde durch die ständigen Regenfälle und den erbitterten Widerstand der Einheimischen zusätzlich erschwert. Als das Heer am Fluss Hyphasis (heute Beas), in der Nähe des heutigen Amritsar, angelangt war, meuterten die Soldaten. Am Ufer unter dem prasselnden Regen sitzend, zeigten die Veteranen, die 100 Schlachten geschlagen hatten, dem Feldherrn ihre Narben und baten ihn – in ihrem Namen sprach Koinos, einer der kompetentesten Generäle –, den Vormarsch zu stoppen und den

Rückweg anzutreten. Nachdem Alexander vergeblich versucht hatte, sie mit allen erdenklichen Argumenten eines Besseren zu überzeugen, zog er sich wütend in sein Zelt zurück und war drei Tage lang für niemanden zu sprechen. Schließlich kam er wieder zu sich und gab schweren Herzens ihrer Bitte nach. Die Soldaten jubelten. Bevor aber der Rückzug vorbereitet wurde, ließ der König rituelle Feste und Sportwettkämpfe veranstalten. Es wurden zwölf riesige Altäre errichtet und als Dank an die Götter für die errungenen

Alexander mit dem Schiff unterwegs zum »Ozean des Westens«; eine der sechs Miniaturen der 1526/27 entstandenen indischen Handschrift des *Diwan* von Mir Ali Schir Nevai (Paris, Bibliothèque Nationale).

Linke Seite, oben: Fragment eines Relieffrieses aus dem 2. Jh. n. Chr., das eine Quadriga darstellt (Rom, Museo Nazionale d'Arte Orientale).

Unten: Kleine bronzene Pferdestatue aus dem 1. Jh. v. Chr.; Fundstück aus Herkulaneum (Neapel, Archäologisches Museum).

Siege Opfer dargebracht. Wenn es nach dem Willen des Königs gegangen wäre, hätten diese Altäre am äußersten Ende des Weltreichs seiner Unternehmung ein unvergängliches Denkmal setzen sollen, doch die Hochwasser des Hyphasis zerstörten jede Spur dieser Bauwerke.

DER RÜCKZUG (326–325)

Das Heer, das etwa 80.000 Mann zählte, kehrte an den Hydaspes zurück, wo inzwischen der Bau von 2.000 Transportschiffen und rund 80 kleineren Kriegsschiffen fast abgeschlossen war. Das Kommando über die Flotte erhielt ein Makedone kretischer Abstammung namens Nearchos, ein enger Jugendfreund Alexanders und eine der herausragenden Persönlichkeiten seines Führungsstabs. Schon zu Beginn des Feldzugs war der Staats-

mann, Soldat und tüchtige Seefahrer aus der Provinz Lykien, deren Satrap er war, zum Heer beordert worden. Zum ersten Steuermann der Expedition wurde Onesikritos, der kynische Philosoph, ernannt. Das utopische Projekt, bis nach Alexandria in Ägypten vorzudringen, wurde abgeschrieben, und das Heer und die Flotte Alexanders brachen nach Süden in Richtung des vermeintlichen Okeanos auf. Die Flotte wurde beiderseits des Flusses von Kampftruppen zu Lande unter dem Kommando von Krateros und Hephaistion begleitet, die die Aufgabe hatten, etwaige Widerstandsnester, auf die sie unterwegs stießen, auszuheben. Die Fahrt über den Fluss war nicht so einfach wie erwartet, und es lauerten nicht wenige Gefahren. Am Zusammenfluss des Hydaspes mit einem anderen Fluss drohte das Schiff Alexanders zu kentern, und der König und seine Gefährten konnten sich nur retten, indem sie von Bord sprangen. Auch waren die Völker des südlichen Pandschab weitaus feindseliger als erwartet. Insbesondere die Maller erwiesen sich als extrem angriffslustig. Alexander bestrafte dieses Volk mit unnachgiebiger Härte, indem er wie ein Wirbelsturm über ihr Land hinwegfegte und es dem Erdboden gleichmachte; er ging sogar so weit, die Ausrottung aller Angehörigen der Priesterkaste, der Brahmanen, anzuordnen, die das Volk zum Krieg angestachelt hatten. Die brutale Reaktion der Einheimischen hatte zur Folge, dass die Begeisterung der königlichen Truppen merklich abkühlte, und zwar so sehr, dass sich Alexander gezwungen sah, die Operationen persönlich in die Hand zu nehmen. Bei der Belagerung der wichtigsten Festung der Maller war Alexander der Erste, der die Mauer erstieg und mit einem Sprung im Innenhof landete. Er wurde sofort von den Feinden eingekreist, und von allen Seiten prasselten Pfeile auf ihn ein. Als seine Leibgarden endlich bis zu ihm vorgedrungen waren und ihn in Sicherheit bringen konnten, durchbohrte bereits ein langer indischer Pfeil seine Lunge. Alexanders Verwundung schien so schwer, dass sich rasch das Gerücht verbreitete, er sei tot. Unter seinen Männern, die verzweifelt waren, brach Panik aus. Ohne ihren Anführer hatten sie kaum eine Chance, jemals in ihre Heimat zurückzukehren. Doch wieder einmal kam der Makedone dank seiner kräftigen Konstitution durch, und zur allgemeinen Erleichterung erholte er sich allmählich wieder. Die Stämme der Maller wurden schließlich gezwungen, sich zu unterwerfen, aber noch andere Feinde mussten bekämpft werden, und so dauerten die Auseinandersetzungen an, bis die Makedonen endlich die Deltalandschaft des Indus erreichten.

Hier teilte Alexander seine Streitmacht. Die älteren und nicht mehr recht kampffähigen Soldaten sollten unter Krateros auf dem weniger beschwerlichen Weg, das heißt über Arachosien, ins Zentrum des Reiches zurückkehren. Der größte Teil des Heeres hingegen würde unter der persönlichen Führung Alexanders Richtung Westen und in Babylonien entlang der Küste marschieren, wobei die Flotte unter Nearchos ihm Flankenschutz geben sollte. Als Alexander und seine Männer endlich den Okeanos (den Indischen Ozean) erreichten, – nachdem sie zwei Mündungsarme des Indus erkundet und an einem von ihnen eine neue Stadt gegründet hatten – wurden sie auf dramatische Weise mit einem Phänomen konfrontiert, das den Bewohnern des Mittelmeerraumes völlig unbekannt war: Ebbe und Flut, wobei Letztere so unerwartet kam, dass sie das Lager völlig unter Wasser setzte.

Am Rande dieses entlegenen Ozeans verrichtete der makedonische König die Opfer, die ihm das Orakel in Siwa aufgetragen hatte. Er fuhr aufs offene Meer hinaus, um Poseidon erneut einen Stier zu opfern. Er brachte Trankopfer dar und warf die goldenen Gefäße, die er dafür verwendet hatte, in die Fluten, betete zu den Göttern und bat sie dafür zu sorgen, dass kein anderer die Grenzen seiner Eroberung überschritt. Mit diesen Ritualen, die den einige Jahre zuvor am Hellespont verrichteten Opfern ähnelten, wollte Alexander Anfang und Ende des Feldzugs ideell zusammenführen. Gleichzeitig entwickelte er, da er erkannt hatte, nicht auf einem Binnenmeer, sondern auf einem Ozean zu segeln, der – so der damalige Kenntnisstand – sämtliche bewohnten Gegenden der Welt umgab, ein neues ehrgeiziges Projekt: Er sah sich nicht nur als Herrscher Asiens, sondern der ganzen Welt.

Zunächst aber war es notwendig, ins Zentrum des Reiches zurückzukehren, von wo ihn besorgniserregende

Curtius Rufus

»Ursprünglich nur Makedone, halte ich nun die Führung Griechenlands in meinen Händen, habe ich Thrakien und Illyrien unterworfen, gebiete ich über Triballer und Mäder, bin ich Herr über Asien, wo es der Hellespont und wo es das Rote Meer [der Indische Ozean] bespült.«

Geographische Neuentdeckungen

Alexander führte seine Armee nicht selten durch unerforschte Gegenden, über die in Griechenland nur spärliche und ungenaue Informationen vorlagen. Die wenigen Kenntnisse, die man von diesen entlegenen Regionen besaß, wurden unter anderem durch die Schriften des Aristoteles verbreitet, wobei dieser nicht selten völlig ungesicherte, allgemein kursierende Geschichten festgehalten hatte. Dabei war diese Weltgegend schon einmal, und obendrein von einem Griechen, erforscht worden. Der tüchtige Seefahrer Skylax aus Karyanda in Karien war im Auftrag des Perserkönigs Dareios I. die Küste des Kaspischen Meeres entlanggefahren und hatte entdeckt, dass es ein Binnenmeer war; später war er den Indus hinabgesegelt, hatte die Arabische Halbinsel umschifft und den Persischen Golf erforscht. Über diese Reisen hatte Skylax einen detaillierten Bericht auf Griechisch verfasst, der 150 Jahre später aber völlig in Vergessenheit geraten war. Nearchos musste daher bei seiner indischen Seeexpedition alles, was der Geograph aus Karien einst in Erfahrung gebracht hatte, wieder neu auskundschaften. Nearchos, der nicht nur ein tüchtiger Seefahrer war, sondern auch ein exzellenter Wissenschaftler, war der erste Europäer, der das Phänomen der Gezeiten untersuchte und herausfand, wie man sich die Monsunwinde auf dem Seeweg von Ost nach West zunutze machen konnte. Auf seine Empfehlung hin beschloss Alexander, weitere Forschungsexpeditionen zum Persischen Golf zu schicken, deren Hauptaufgabe darin bestand, Informationen zu sammeln, die für eine Eroberung der gesamten Arabischen Halbinsel von Nutzen sein konnten; doch das Vorhaben fand durch den vorzeitigen Tod des Herrschers ein jähes Ende.

Links: Schwarzfigurige attische Schale; die Schiffe sind den griechischen Galeeren mit rechteckigen Segeln nachempfunden.

Oben: Alexander auf der Reise in das Reich der Finsternis; Miniatur aus einer indischen Handschrift der *Chamse* von Nisami, Ende 15. Jh. (New York, Metropolitan Museum of Art).

Linke Seite: Alexanderkopf aus Pergamon (Istanbul, Archäologisches Museum).

Meldungen über die schlechte Führung und Korruption der Satrapen erreichten. Bei dieser Gelegenheit wollte Alexander die Erkundung dieses Teils des Kontinents zu Ende führen und neue Handelswege eröffnen.

Im Spätsommer 325 brach Alexander mit dem Heer auf. Auch dieses Mal war die Unternehmung sehr sorgfältig vorbereitet worden. Geplant war, dass die tüchtigsten Truppen, die der König persönlich befehligte, an der Küste des Arabischen Meeres entlang durch die unwirtliche Sandlandschaft der Gedrosischen Wüste marschierten. Zudem hatten sie die Aufgabe, Nahrungsmittel- und Wasservorräte für die Flotte anzulegen, die vom Mündungsgebiet des Indus aufbrechen, bis zur Mündung des Euphrat und von dort den Fluss hinauf bis nach Babylon segeln sollte. Die Schwierigkeiten, die sie meistern mussten, waren allerdings enorm.

Das Gebiet, das der König mit seiner gesamten Streitmacht durchqueren wollte, war eine der unwirtlichsten und entlegensten Einöden der Erde. Bereits Jahre zuvor waren in diesen dürren Breiten die Heere der babylonischen Königin Semiramis und des persischen Reichsgründers Kyros dem Großen kläglich gescheitert. Nur mit Mühe hatten die beiden Herrscher ihr eigenes Leben retten können.

Für Alexander bedeutete dies nur eine weitere unter den vielen Herausforderungen, denen er sich so gerne stellte, um zu beweisen, dass für ihn nichts unmöglich war. Doch diesmal hatte der Eroberer die Situation tatsächlich falsch eingeschätzt. Wie vorauszusehen

war, verwandelte sich dieser Zug in einen Alptraum. Das Heer musste sich von der Küste entfernen, um die einzig gangbaren Wege einzuschlagen, die mitten in die Wüste hineinführten, und so forderten der Hunger, der Durst, die Bisse der Giftschlangen ihre ersten Opfer, allerdings gleich zu Hunderten. Eines Tages

wurden die Truppen, die an einem fast ausgetrockneten Flussbett Rast machten, durch eine plötzliche Flut überrascht, die die Frauen, die Kinder und das Gepäck mit sich fortriss. Danach ging es wieder durch dürres steiniges Gelände, und die entkräfteten Soldaten, die inzwischen ihren Auftrag, Brunnen zu graben und

Vorratsmagazine für die Seefahrer anzulegen, vollkommen außer Acht ließen, begannen wieder Durst zu leiden. Die Hitze war so unerträglich, dass der Marsch nur nachts fortgesetzt werden konnte; und selbst dann erschwerte der glühend heiße Sand das Vorankommen. Als Alexander nach 60 leidvollen Tagen die Hauptstadt von Gedrosien erreichte, war nur noch ein Viertel seines militärischen Aufgebots, rund 15.000 Mann, am Leben. Die Flotte, von der man keine Nachricht mehr hatte, wurde als verloren erachtet, aber immerhin konnte sich der König bei dem Gedanken trösten, dass er Semiramis und Kyros übertroffen hatte.

Nach dem Zusammentreffen mit dem Heer des Krateros in Karmanien ging Alexander mit großer Härte gegen die Satrapen vor, die ihm keine Unterstützung gewährt hatten, und setzte seinen Rückmarsch zum Zentrum des Reiches fort. Das war der Zeitpunkt, an dem der König beschloss, diesen Marsch wie eine dionysische Prozession zu inszenieren, wobei er selbst in die Rolle des Gottes Dionysos schlüpfte, der triumphierend aus dem Orient zurückkehrte. An der Spitze eines Festumzugs jubelnder Soldaten setzte sich Alexander auf einen von acht Pferden gezogenen Wagen, auf dem sich ein

Links: Das Wüstengebiet Sutkakuh (Makran, Pakistan) im antiken Gedrosien; Alexander unterwarf das Land am Indischen Ozean zwischen 330 und 327 v. Chr. und machte es zu einer Satrapie.

Oben: *Alexanderfries*, Marmorrelief von Bertel Thorvaldsen (1770–1844), entstanden 1811/12 (Rom, Quirinalpalast).

Altar befand. Auf dieser mobilen Bühne verbrachte er die sieben Tage und Nächte dauernde Reise Wein trinkend, und seine Offiziere, die ihm auf ebenso prächtig geschmückten Wagen folgten, machten es ihm gleich. Als sie in die Nähe der Bucht von Harmozia (heute Hormus) kamen, erfuhren die Griechen, dass auch Nearchos und seine Seeleute überlebt hatten. Alexander eilte seinem alten Freund entgegen und feierte das unverhoffte Wiedersehen mit einem rauschenden Fest. Trotz erheblicher Schwierigkeiten war es dem kretischen Admiral gelungen, seine Mission zu erfüllen, indem er durch Überfälle auf die Lager der Ichthyophagen, einem primitiven Volk, das die Küstengebiete bevölkerte, für den nötigen Nachschub sorgte.

Nur leider konnte die Route, die die Flotte genommen hatte, entgegen der hoffnung des Königs, nicht zu einem regulären Handelsweg ausgebaut werden. Trotz-dem erwiesen sich die Entdeckungen, die Nearchos und seine Kapitäne gemacht hatten, als äußerst wertvoll, vor allem die Erkenntnis, dass Arabien auf einer Halbinsel liegt. Auf Befehl des Königs brach Nearchos wieder mit der Flotte auf, um über den Tigris bis nach Susa zu gelangen, während der Rest der Truppen dasselbe Ziel auf dem Landweg ansteuerte, und zwar auf der Straße, die über Persepolis führte.

Curtius Rufus

»Des weiteren habe ich dann, um mein Geschlecht in größerem Umfang fortzusetzen, des Dareios' Tochter zur Frau genommen und zugleich meine engsten Freunde veranlaßt, mit gefangenen Frauen Kinder zu zeugen, um durch dies heilige Bündnis jeglichen Unterschied zwischen Besiegtem und Sieger auszulöschen.«

Rechts: Die Grabstätte von Kyros dem Großen in Persepolis.

Unten: Statue eines jungen Mannes (Alexander?) aus dem 1. Jh. v. Chr. Die Skulptur aus hellgrauem Marmor mit bläulichem Einschlag kam 1880 als Schenkung durch die Archäologische Gesellschaft (die sie für die Sammlung Dimitriou von Alexandria in Ägypten in Verwahrung hatte) an das Museum in Athen.

Linke Seite: Mittelteil aus dem »Mosaik des Dionysos« aus Pella. In den letzten Jahren wuchs Alexanders Verehrung für den Gott des Weins und der Trunkenheit, für den Olympias eine besondere Vorliebe hegte.

DIE LETZTEN JAHRE (324–323)

Im März 324 war der große Eroberungszug vollendet. Alexander hatte ein fast grenzenloses Reich erobert und erkundet und war gleichsam bis ans Ende der bewohnten Welt vorgedrungen. Doch sein Staatsgebilde war zerbrechlich und stand auf tönernen Füßen. In der Annahme, dass der König nie wieder von seiner Expedition zurückkehren würde, hatten zahlreiche Satrapen wie auch manche makedonische Verwaltungsbeamte Missbrauch getrieben und die Macht an sich gerissen, indem sie sich selbstherrlich als autonome Herrscher ihrer Provinzen gebärdeten. Sogar einer der ältesten Gefährten Alexanders, sein Schatzmeister Harpalos, der für die Verwaltung des königlichen Vermögens zuständig war, hatte sich mehrfach der Unterschlagung von Geldern schuldig gemacht: Er verschwendete öffentliche Gelder, gebärdete sich wie ein autonomer Herrscher und verfügte über ein eigenes Heer. Um wieder die Kontrolle über sein Reich zu bekommen, ging der Makedone wie gewöhnlich mit größter Härte vor. Sämtliche Satrapen, die sich aufgelehnt hatten oder ihren Pflichten nicht nachgekommen waren, wurden hingerichtet oder versetzt und in vielen Fällen durch makedonische Generäle ersetzt, die sich für das Projekt der ethnisch-kulturellen Verschmelzung, das Alexander verfolgte, offen gezeigt hatten. Der König ging mit drakonischer Strenge auch gegen diejenigen vor, die gegen die persischen Traditionen verstoßen hatten, wie der Fall des iranischen Satrapen Orxines zeigt Er wurde zum Tod verurteilt, weil er nicht imstande gewesen war, das Grab von Kyros dem Großen vor Schändungen zu schützen. Einzig Harpalos gelang es, sich fürs Erste der Strafe zu entziehen, indem er nach Griechenland flüchtete und die riesigen Reichtümer mitnahm, die er angehäuft hatte; doch schließlich traf ihn die Rache des Königs auch dort, und er starb von der Hand eines abtrünnigen Söldners.

Nachdem all diese Aufstände und Eigenmächtigkeiten im Keim erstickt waren,

widmete sich Alexander der Konsolidierung und der Neuordnung des Staates. Das geschah auch durch eine Reihe symbolischer Maßnahmen, die wiederum darauf abzielten, die Bindung zwischen Makedonen und Persern zu vertiefen und enger zu gestalten. Der Höhepunkt der zeremoniellen Feierlichkeiten war eine pompöse Hochzeit, bei der der König selbst und an die 100 seiner engsten Mitarbeiter Ehen mit Frauen aus den Adelsfamilien der Region eingingen. Bei dieser Gelegenheit heiratete Alexander gleich zwei Frauen: Stateira, die Tochter seines einstigen Rivalen Dareios III., und Parysatis, die Tochter von dessen Vorgänger Artaxerxes III. Der König, der seinen geliebten Freund Hephaistion zu seinem Schwager machen wollte, vermählte ihn mit einer weiteren Tochter des Dareios. Auf die

Hochzeit der hohen Funktionäre, die auf diese Weise die Bande mit der oberen persischen Gesellschaftsschicht festigten, folgte eine weitere von rund 10.000 makedonischen Soldaten, die praktisch dazu gezwun-

gen wurden, sich offiziell mit den Frauen zu vermählen, die sie aus Baktrien und Sogdiane mitgebracht hatten. Die Söhne aus diesen Ehen sollten, soweit die Intention des Königs, den Kern der zukünftigen Streitmacht des Reiches bilden. Doch diese autoritären Maßnahmen erregten Widerwillen bei den Soldaten, insbesondere den Veteranen der Phalanx. Darauf entließ Alexander kurzerhand die Veteranen und ersetzte sie durch Rekruten, die eher bereit waren, die Aufstellung von gemischten Abteilungen zu akzeptieren. Die altgedienten Soldaten Philipps reagierten erbost. Ihr Protest wurde durch die Hinrichtung ihrer Anführer sowie die Auszahlung großzügiger Belohnungen an diejenigen unterdrückt, die sich bereit erklärten, in die Heimat zurückzukehren. Die Aufgabe, die altgedienten Soldaten auf ihrer Rückreise zu eskortieren, wurde dem treuen

Krateros anvertraut, dem Alexander auch die Aufgabe übertragen wollte, den weniger zuverlässigen Antipatros in seinem Amt als Gouverneur von Makedonien zu ersetzen. Mit dieser Entscheidung war die Absicht verbunden, auch auf die europäischen Territorien jene asiatische Herrschaftsform auszudehnen, die sich der König inzwischen zu Eigen gemacht hatte. In diesem Zusammenhang hatte Alexander bereits einen Erlass an die Mitglieder des Korinthischen Bundes herausgegeben, der verlangte, ihn in den Kreis der Gottheiten aufzunehmen, für die kultische Handlungen zu verrichten waren. Natürlich nahmen die rationalistischen Bewohner von Athen und anderer Stadtstaaten und auch besagter Antipatros die Weisung nur widerwillig auf, auch wenn sie sich schließlich aus politischen Opportunitätsgründen doch beugten. Es war aber nicht der

Im Herbst 324, im Anschluss an eines der Festgelage, denen sich der König und seine Gefährten immer häufiger hingaben, wurde Hephaistion, der wenige Monate zuvor zum Chiliarchen der Leibgarde – das ranghöchste Amt nach dem König – ernannt worden war, von einem plötzlichen Unwohlsein ergriffen und starb wenig später. Der Tod des Freundes und wohl auch Geliebten schmerzte Alexander zutiefst. Er ließ sich zu derben Trauerfeierlichkeiten hinreißen, bis hin zum Massaker eines ganzen iranischen Bergstammes, das als kultisches Opfer dargebracht wurde. Auf Empfehlung des Orakels von Siwa, das man umgehend befragte, wurden dem Verstorbenen die Ehren eines Halbgottes zuteil und zu seinem Gedenken ein Grabmal in gigantischen Dimensionen errichtet. Allerdings bedrückten Alexander von diesem Augenblick an, wie die antiken Historiker berichten, düstere Vorahnungen.

Die traurige Gemütsverfassung, die ihn in den letzten Monaten seines Lebens nicht mehr losließ,

einzige Erlass, der das Missfallen der Griechen erregte. Schon wenig später wies Alexander sämtliche Städte des Bundes an, alle Verbannten in die Heimat zurückkehren zu lassen. Dieser massive Eingriff in die innenpolitischen Belange der Halbinsel zeigte sehr deutlich, dass sich der König nicht mehr nur als Kommandeur des Bundesheeres verstand, sondern als Herr von ganz Hellas. Wahrscheinlich war sich Alexander darüber bewusst, dass seine Anweisungen für Empörung sorgen und sogar offenen Widerstand wecken würden, aber sein Interesse für das entfernte Griechenland war nur noch marginal. Sein Hauptaugenmerk war auf die Neuordnung der neuen Territorien gerichtet. Ständig auf Reisen zwischen den verschiedenen Satrapien seines Reiches, saß er auf seinem goldenen Thron inmitten eines großen, mit kostbaren Teppichen ausgekleideten Zeltes, umgeben von seinen Generälen und seinen persisch-makedonischen Truppen, sprach Recht und erließ Gesetze, wie es sich für einen echten orientalischen Herrscher geziemte. Aber auch ihn erwarteten schmerzhafte Schicksalsschläge.

Oben: Kolossale Kopfplastik des Hephaistion aus Bronze, um 323 v. Chr., vermutlich aus Pompei oder Herkulaneum; sie gehörte erst Isabella d'Este und später Philipp V. von Spanien (Madrid, Museo del Prado).

Rechts: Statue eines Jünglings aus dem 1. Jh. v. Chr.; sie stellt vermutlich Hephaistion dar (Athen, Archäologisches Museum).

Rechte Seite, oben: *Triumph Alexanders des Großen*, Gemälde von Gustave Moreau (1826–1898), ausgestellt im Musée Gustave Moreau in Paris.

Unten: Die Malerei von Euphronios auf dem Kelchkrater verarbeitet das Motiv des Symposions (München, Staatliche Antikensammlung).

hinderte ihn jedoch nicht daran, zusammen mit Nearchos und anderen Generälen neue Eroberungspläne zu entwickeln, darunter einige sehr ehrgeizige, wie zum Beispiel das Projekt einer Umsegelung des afrikanischen Kontinents, das die Rückkehr zum Mittelmeer durch die Heraklessäulen an der Straße von Gibraltar sowie die Einnahme von Karthago vorsah. Jetzt, da es keinen Feind mehr gab, der sich ihm in den Weg stellen konnte, setzte sich der immer noch eroberungswütige König das klare Ziel, seine Herrschaft auf die ganze Welt auszudehnen. Zu diesem Zweck plante er eine militärische Operation zur Eroberung von Arabien, dessen Ostküste Nearchos bereits erkundet hatte. Truppen wurden ausgehoben und gezielt auf den Wüstenkampf vorbereitet. Alexander ließ eine neue Flotte bauen, die in den Persischen Golf vorstoßen sollte. Das Hauptquartier wurde nach Babylon verlegt, wo der König sich im Frühjahr 323 niederließ. Doch diesmal fiel die Ankunft des Herrschers in der Stadt mit einer Reihe düsterer Prophezeiungen zusammen, die ihm die chaldäischen Priester kundtaten. Ängstlich darauf bedacht, die Wahrsagungen als

unbegründet abzutun, bemühte sich der König nach Kräften, Tatendrang und Entschlossenheit zu zeigen, obwohl er – laut Aussage der Biographen – von Angstzuständen heimgesucht wurde. Ende Mai 323, nach einem Symposion (Treffen des Führungszirkels), das in eines der üblichen, überaus gefährlichen Trinkgelage ausgeartet war, fühlte sich der König unwohl. Trotz verschiedenster Kuren und vieler Opfer, die den Göttern dargebracht wurden, verschlechterte sich sein Zustand immer mehr. Schwere Fieberanfälle, vermutlich ausge-

Oben: *Der Tod Alexanders des Großen,* Gemälde von Karl Theodor von Piloty (1826–1886; München, Bayerische Staatsgemäldesammlungen – Neue Pinakothek).

Unten: Die Marmorbüste stellt den sterbenden Alexander dar (Florenz, Uffizien). Der plötzliche, unerklärliche Tod Alexanders hat seit jeher viele Künstler inspiriert.

Arrian

»Alexander starb in der 114. Olympiade im athenischen Archontatsjahr des Hegesias. Sein Leben hatte [...] 32 Jahre und 8 Monate gewährt, seine Regierung 12 Jahre und die erwähnten 8 Monate. Er war von prachtvollem Körperbau, ungeheuer zäh und schnell zupackend, in seiner Haltung von höchster Tapferkeit, unendlichem Ehrgeiz und stets bereit, Gefahren zu durchstehen. In seinen Bemühungen, den religiösen Geboten nachzukommen, übertraf ihn keiner.[...] Wer aber glaubt, Alexander schmähen zu müssen, der möge sich fragen, wer denn eigentlich er selbst sei, und dann, welche Persönlichkeit auf welchen Höhen menschlichen Glückes er schlecht zu machen sucht: Auf der einen Seite steht er selbst, auf der anderen der unbestrittene Herrscher zweier Erdteile, der den Glanz seines Namens überall hintrug.«

löst durch eine bösartige Form der Malaria, die er sich während einer Inspektion der Wasserkanäle rund um Babylon zugezogen hatte, zwangen ihn, die Vorbereitungen für den Feldzug nach Arabien zu unterbrechen. Nach einer Woche konnte der König kaum noch sprechen, und nur mühsam vermochte er die Soldaten zu grüßen, die in einer langen Reihe an ihm vorbeizogen, um ihm die Ehre zu erweisen. Nachdem er seinen Siegelring, das Symbol seiner Macht, Perdikkas übergeben hatte, verlor er das Bewusstsein und starb drei Tage später am Abend des 10. Juni 323, kurz vor Vollendung seines 33. Lebensjahres.

DIE NACHFOLGER ALEXANDERS

Das Alexanderreich überdauerte nur für kurze Zeit seinen Begründer. Da es nunmehr an einer starken Herrscherpersönlichkeit fehlte, begannen in den eroberten Gebieten alsbald starke zentrifugale Kräfte zu wirken. Dies zeigte sich in der immer autonomeren Politik seitens der Generäle, die unter dem Begriff »Diadochen«, also Nachfolger, in die Geschichte eingegangen sind. Als sich die makedonischen Kommandeure nach dem Tod ihres Königs versammelten, um über seine Nachfolge zu beraten, ließen sie die Tatsache

Spekulationen über Alexanders Tod

Der plötzliche Tod des Königs unter derart dubiosen Umständen, im besten Mannesalter und auf dem Höhepunkt seines Ruhmes, ließ schon im Altertum den Verdacht aufkommen, dass ein Verbrechen dahinter steckte. Es tauchte insbesondere das Gerücht auf, dass Antigonos, dem drohte, als Statthalter in Makedonien durch Krateros ersetzt zu werden, einen seiner Söhne anwies, den Herrscher zu vergiften. Einigen Rekonstruktionen des Geschehens zufolge verwendete der Mörder, vielleicht Iolaos, der Mundschenk des Königs, Arsen, das sich aus den Silbererzen der makedonischen Minen gewinnen ließ. Das Gift schmuggelte angeblich der Bruder des Iolaos, Kassander (der später die königliche Familie ermordete), in einem Kästchen nach Babylon, das er im Huf eines Maulesels versteckte. Heute neigen allerdings die meisten Wissenschaftler dazu, die These von einer Krankheit als Todesursache für das glaubwürdigste zu halten, wobei verschiedenes infrage kommt: Leukämie, Hirnhautentzündung oder eine Leberzirrhose infolge exzessiven Weinkonsums (am Schluss trank Alexander bis zu fünf oder sechs Liter Wein am Abend). Die wahrscheinlichste Todesursache scheint aber – die Berichte der Biographen über den Krankheitsverlauf lassen entsprechende Rückschlüsse zu – ein Malariaerreger namens Plasmodium falciparum gewesen zu sein, der in Babylonien verbreitet war und schnell zum Tod führte, da es damals noch keine wirksamen Heilmittel dagegen gab.

Oben: Muster für Alexanderköpfe (um 300 v. Chr.), die in der Akropolis von Herakleia in Lukanien (Italien) gefunden wurden.

Rechts: Exquisite silberne Schale aus dem Grab Philipps II. in Vergina.

völlig außer Acht, dass Roxane schwanger war und bald einen legitimen Nachfolger Alexanders gebären würde, und ernannten, nachdem sie zuerst Herakles, den unehelichen Sohn des Eroberers, ausgebootet hatten, den einzig noch lebenden Abkömmling der Argeadendynastie zu ihrem neuen Monarchen: den unmündigen Arrhidaios, für den Krateros die Vormundschaft übernahm. Mit dem Tod des Herrschers verschwand jede moralische Hemmung: Innerhalb weniger Monate entledigte sich Roxane der neuen Ehefrauen Alexanders, indem sie sie vergiften ließ, während die Soldaten immer wieder gegen die Offiziere

meuterten und rebellierten. Perdikkas, der designierte Nachfolger, wurde von seinen eigenen Leuten ermordet. Krateros starb auf dem Schlachtfeld bei dem Versuch, die Einheit der Eroberungen Alexanders mit Gewalt zu erhalten. Es folgten jahrelange kriegerische Auseinandersetzungen, und es wurde in großem Maßstab gemordet. In blutigen Bruderkämpfen metzelten sich die Veteranen der »1.000« Schlachten gegenseitig nieder, bis ihre Welt endgültig in Stücke geschlagen war. Ptolemaios brachte Ägypten in seine Gewalt, Seleukos die Gegend rund um Babylon, Antigonos wiederum Kleinasien und Syrien, Lysimachos holte sich Thrakien und Kassander, der Sohn des Antipatros, Makedonien und Griechenland. Aber auch als es schon zerteilt war, blieb das Reich jahrzehntelang der Schauplatz permanenter Auseinandersetzungen, in deren Verlauf die gesamte Familie Alexanders ausgelöscht

wurde. Auch die unbeugsame Olympias musste daran glauben, nachdem sie Arrhidaios und an die 100 Freunde und Verwandte des Kassander hatte töten lassen: Sie wurde von einem Sohn des Antipatros ermordet. Einige Zeit später ließ Kassander Roxane und ihren Sohn, der auch Alexander hieß, gefangen nehmen und ermorden. Als schließlich Herakles ein Jahr später unter mysteriösen Umständen starb, war die Dynastie des Eroberers ausgemerzt.

DER ALEXANDERMYTHOS

Während aus historischer Sicht der Tod des Herrschers die unmittelbare Zerschlagung des Imperiums nach sich zog und damit auch das Ende seiner politischen Vision besiegelte, entwickelte sich um Alexander und seine Heldentaten ein richtiggehender Mythos, der sich wachsender Beliebtheit erfreute und über Jahrhunderte hinweg anhielt. Der Faszination dieses Mythos erlagen nicht erst die großen römischen Feldherrn wie Julius Cäsar oder sein Neffe Augustus, die das Grab Alexanders in Ägypten aufsuchten, um ihm die Ehre zu erweisen. Beriets zu Lebzeiten des Eroberers wurden legendäre Geschichten über ihn in die Welt gesetzt, wobei viele mit Bedacht in Umlauf gebracht wurden, namentlich diejenigen seiner »göttlichen« Herkunft.

Nach dem Tod des Herrschers erfuhr seine Gestalt allerdings einen Wandel und wurde zum Inbegriff des Ruhmes und menschlicher Macht. Dieser Vorgang setzte bereits mit den Berichten der Historiker ein, die den König auf seinen Feldzügen begleitet hatten und schon seinerzeit wegen ihrer maßlosen Übertreibungen von Alexander gemaßregelt worden waren, der alles andere als glücklich war, wenn er entdeckte, dass er der Protagonist unglaublicher Unternehmungen war (zum Beispiel, dass er eine ganze Elefantenhorde mit einem einzigen Lanzenstoß erlegte), oder wenn von Begegnungen mit Amazonen oder irgendwelchen Fabelwesen die Rede war. Die rein verherrlichende Darstellungsweise wurde jedoch sehr bald um diverse – politisch motivierte – Spielarten erweitert. Im *Alexanderroman,* einem Text, der fälschlicherweise Kallisthenes zugeschrieben wurde und um 300 im ägyptischen Raum entstand, wird der makedonische Herrscher beispielsweise zum unehelichen Sohn der Olympias und des Pharaos Nektanebos deklariert und als Magier beschrieben,

Rechts: Kreidetafel aus dem 3. Jh. v. Chr. mit dem Porträt von Ptolemaios I. Soter aus dem griechischen Handwerker-Viertel in Memphis. Nach Alexanders Tod im Jahr 323 v. Chr. erhob sich Ptolemaios zum Satrapen von Ägypten und regierte ab 305 als König.

Linke Seite: Bildnis von Seleukos I. Nikator (Neapel, Archäologisches Museum).

um eine Verbindung zwischen dem Eroberer und der letzten einheimischen Herrscherdynastie herzustellen. In ähnlicher Weise wurde in iranischen Überlieferungen die Vaterschaft dem Großkönig zugeschrieben. Die Figur des jungen, unbesiegten Feldherrn, der auf dem Höhepunkt seines Ruhmes stirbt, inspirierte natürlich viele Schriftsteller zu einer Schilderung seiner Taten, die nicht selten sagenhafte Züge annahm. Selbst der scharfsinnige Plutarch, der Alexander eine seiner *Vitae parallelae* (Parallelbiographien) widmete, zeichnete trotz seines Argwohns gegen alles Abergläubische und Wundersame das Porträt eines Übermenschen, der schon seit frühester Kindheit Zeichen von übernatürlicher Größe zeigte. Da die zuverlässigeren Darstellungen, wie die des Ptolemaios, die die Ereignisse auf der Grundlage der Originaldokumente des Feldzugs rekonstruieren, verloren gingen, können sich die Historiker heute nur noch an die Werke von Curtius Rufus, Iustinus und vor allem Arrian halten. Die Phantasie der Leser aber fühlte sich bei den fabelhaften Schilderungen des Pseudokallisthenes am wohlsten, dort, wo Alexander zwischen Wundern und Prophezeiungen durch die Seiten des Romans wandelt und gegen allerlei Monster, Engel und seltsame Mischwesen kämpft. Seine Reise, während der er viele Prüfungen zu bestehen hat, führt ihn in Kristallschlösser, in einem durchsichtigen Unterwasserboot auf den Grund des Ozeans und im Schlepptau fliegender Greife sogar in den Himmel. Alexander wurde zum Symbol des Menschen, der versucht die Grenzen zu überwinden, denen zwangsläufig die Menschheit unterliegt, wie zum Beispiel der Tod, den der Romanheld vergebens zu besiegen versucht, indem er aus der Quelle des ewigen Lebens schöpft.

Im Verlauf der Jahrhunderte entstanden endlos viele Varianten des *Alexanderromans,* sowohl im Abendland als auch im Orient, wo er in die unzähligen Sprachen des nur kurze

Hellenismus

In politischer Hinsicht zeitigte das Werk Alexanders keine dauerhaften Ergebnisse, da sein riesiges Reich schon bald nach seinem Tod in zahlreiche Einzelstaaten zerfiel, die sich häufig untereinander bekriegten. In kultureller Hinsicht hingegen war es überaus fruchtbar. Die Tat zeichnete sich durch eine außerordentlich dynamische wirtschaftliche und kulturelle Entwicklung im gesamten östlichen Mittelmeerraum aus. Alexanders Vorhaben, in sämtlichen von ihm eroberten Gebieten die griechische Sprache und Kultur zu verbreiten, läutete den Beginn einer neuen Epoche ein, die unter der Bezeichnung »Hellenismus« in die Geschichte eingegangen ist, ein Begriff, den der deutsche Historiker Johann Gustav Droysen im 19. Jh. prägte. Historisch gesehen zeichnete sich das Zeitalter des Hellenismus durch den Niedergang der alten, auf dem Prinzip der Stadtstaaten, der *Poleis*, gründenden Staatsordnung und die Entstehung von Monarchien aus, die um die Figur eines vergöttlichten Herrschers zentriert waren und sich auf ein starkes Heer und einen großen Beamtenapparat stützten. Die Hauptstädte dieser Königreiche waren bedeutende Metropolen – man denke nur an Pergamon, Antiochia oder Alexandria in Ägypten –, die sich zu dicht bevölkerten, internationalen Marktplätzen und hoch angesehenen Kulturzentren entwickelten. Der durch die *Koine*, die gemeinsame Umgangssprache, die die alten griechischen Dialekte ersetzte, geförderte freie Gedankenaustausch führte zu einer Reihe von Neuentdeckungen, insbesondere auf theoretisch-wissenschaftlichem Gebiet. Aristarchos von Samos begründete als Erster das heliozentrische Weltsystem, Archimedes revolutionierte die Mechanik und die Hydrostatik, wichtige neue Impulse erhielt die Geometrie durch Apollonios von Perge, die Medizin durch Erasistratos. Auf dem Gebiet der Literatur verhalf Apollonios von Rhodos der Epik zu neuer Blüte, und Kallimachos und Theokrit entwickelten neue sublime Formen der Poesie. In Alexandria und Pergamon entstanden neben Verwaltungskomplexen auch öffentliche Museen und Bibliotheken, wie man sie auf der ganzen Welt noch nie gesehen hatte. Diese einzigartigen Institutionen förderten die Sammlung von antiken Texten und eine kritische Auseinandersetzung mit ihnen, und eröffneten damit die Möglichkeit der Verbreitung dieser Schriften, von denen wir heute noch Kenntnis haben. Die Etablierung dieser kosmopolitischen Gesellschaft mit ihren großzügigen Herrschern brachte auch die Verbreitung neuer Tendenzen im Städtebau und in den visuellen Künsten mit sich, die sich durch einen ausgeprägten Sinn für Groß-

artigkeit und Inszenierung auszeichneten. Ein typisches
Meisterwerk dieser Epoche ist der berühmte Pergamonaltar, dessen imposanter Relieffries das architekto-
nische Bauwerk in den Hintergrund rücken lässt und
auf die Funktion eines Trägers reduziert. Auch auf dem
Gebiet der Bildhauerei und Malerei fanden während
des Hellenismus enorme Fortschritte statt, angefangen
bei den noch zu Lebzeiten Alexanders durch seinen
Hofbildhauer Lysipp und den Maler Apelles realisierten
(und heute leider nicht mehr erhaltenen) »heroi-
sierten« Porträts des makedonischen Königs bis hin zur
Entwicklung einer gleichsam barocken Kunst, die
immer stärker dramatische, regelrecht pathetische
Inhalte bevorzugte, wie beispielsweise die »Laokoon-
gruppe« oder der »Farnesische Stier« zeigen.

Oben: Pergamonaltar, unter Eumenes II.
um 180 v. Chr. errichteter, dem Zeus
geweihter Monumentalaltar; hier die
Rekonstruktion aus dem Berliner
Pergamonmuseum.

Unten: *Laokoon und seine Söhne*,
Marmorgruppe aus dem 2. Jh. v. Chr.
(Rom, Vatikanische Sammlungen).

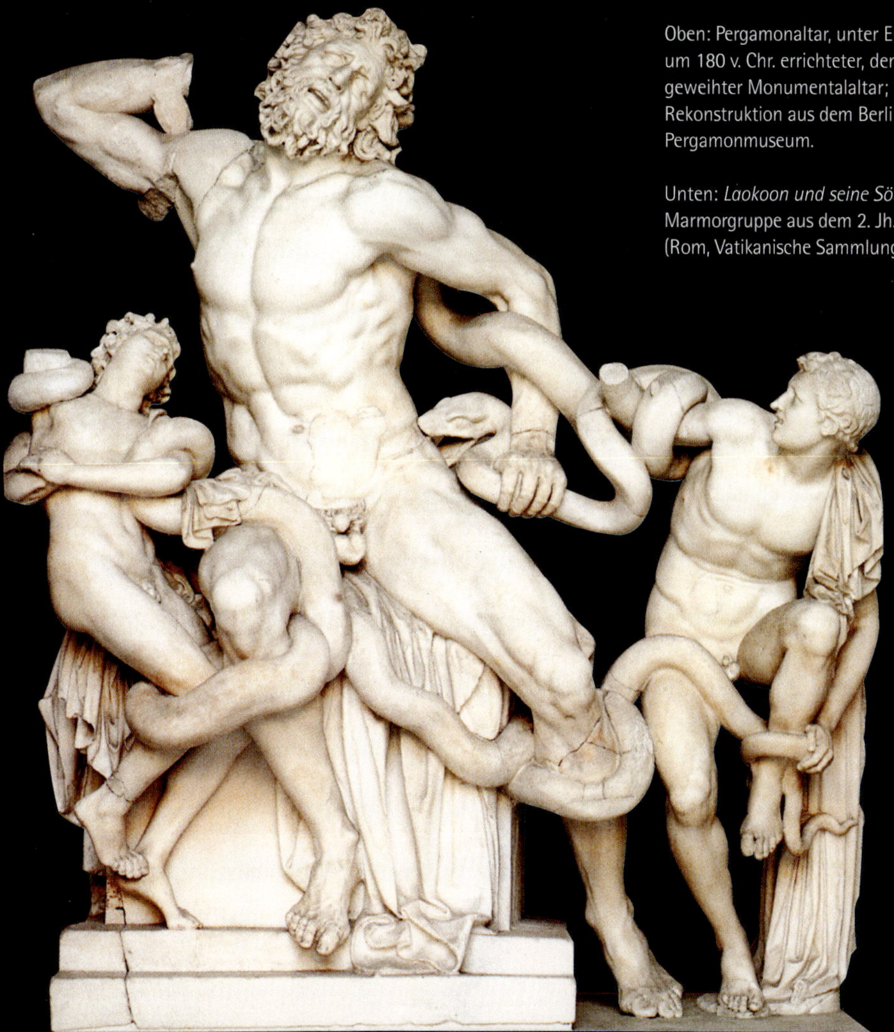

Das Begräbnis Alexanders des Großen

Nach dem Tod des Herrschers brachen die Streitigkeiten zwischen den verschiedenen Generälen so unvermittelt aus, dass darüber der Leichnam Alexanders gut sechs Tage lang in Vergessenheit geriet und dem heißen Klima Babylons ausgesetzt war. Als schließlich doch jemand Zeit fand, sich darum zu kümmern, war der Leichnam auf wundersame Weise noch vollkommen intakt, und so konnten die ägyptischen und chaldäischen Einbalsamierer – natürlich erst, nachdem geklärt war, ob ein Gott angetastet werden durfte oder nicht – ihn präparieren und parfümieren. Noch zu Lebzeiten hatte Alexander den Wunsch geäußert, in der Oase Siwa an der heiligen Stätte des Zeus Ammon beigesetzt zu werden. Aus politischen Gründen beschlossen die Generäle jedoch, die Leiche nach Makedonien zu überführen – in einem prächtigen Wagen, der von vierundsechzig Mauleseln gezogen wurde.

Der Transport wurde allerdings durch Ptolemaios abgefangen, der die mit der Überführung betrauten Offiziere bestach und sie nach Alexandria in Ägypten, die Hauptstadt seines neuen Reiches, lenkte. In den hiesigen Katakomben, genauer gesagt in dem Areal, das seiner Familie vorbehalten war, ließ er für seinen einstigen Kommandeur eine monumentale Grabstätte einrichten, in der man den unverweslichen Leichnam des Eroberers in einem Sarg aus durchsichtigem Alabaster liegen sehen konnte. Im Verlauf der zahlreichen Kriege, die Ägypten im Mittelalter heimsuchten, wurde die Grabstätte verschüttet und es verlor sich jede Spur ihrer einstigen Lage.

Cäsar am Grab Alexanders des Großen,
Gemälde aus dem Jahr 1878 von
Gustave Courtois (1852–1923),
ausgestellt im Musée de Vesoul in Paris.

Zeit während Imperiums übertragen werden sollte, sogar in die Sprachen jener Gegenden, die der König niemals erreicht hatte. Jede Übersetzung wurde um neue Elemente angereichert, und von Mal zu Mal zeichnete sich der König durch andere Charakterzüge aus, verwandelte sich gar in einen Ritter oder einen Verfechter der Gerechtigkeit, auf der Suche nach Wahrheit und Erkenntnis. Die Legende fand auch im iranischen und islamischen Kulturraum große Verbreitung. Unter dem Namen Dhu'l-Qarnain, der »Zweihörnige« (wahrscheinlich leitet sich das von den beiden Hörnern des Gottes Ammon ab, mit denen der König auf Münzen dargestellt wurde), erscheint Alexander im Koran in Gestalt eines Herrschers, der die Völker Gog und Magog hinter eine Mauer aus Eisen sperrt.

Während der berühmte persische Dichter Nisami in seinem lyrischen Gedicht *Iskender-Name* den makedonischen Eroberer zu einem gerechten und weisen, von Gott inspirierten König macht. Im Mittelalter fand der Pseudokallisthenes auch im Abendland große Resonanz: Hier wurde sein Held, ein tapferer und ritterlicher Mann und der Inbegriff der Großzügigkeit, zum hoch gepriesenen Vorbild der Minnesänger und Troubadoure, wobei ihm bisweilen sogar christliche Werte angedichtet wurden. Er diente als Protagonist für einen Zyklus von Heldentaten, der so populär war, dass er sich durchaus mit den Epen über König Artus oder Karl den Großen messen konnte. Die Ikonographie dieser Zeit hat aber auch viele Alexanderdarstellungen vorzuweisen, die nicht immer positiv konnotiert waren.

Alexander unterscheidet 22 Nationen mit verzweigter Nachkommenschaft: So lautet das Thema einer der 250 Miniaturen, die eine aus Kreta oder Zypern stammende Handschrift des *Alexanderromans* aus dem 15. Jh. illustrieren (Venedig, Museo delle Icone; aufbewahrt im Istituto Ellenico di Studi Bizantini e Postbizantini).

Links: Alexander befragt den »Mondbaum«; Miniatur aus einer Handschrift des 13. Jh., eine »Weltchronik«, die in der Heidelberger Universitätsbibliothek aufbewahrt wird.

Unten: Der Relieffries, der die Himmelfahrt Alexanders mit Greifen darstellt, ist an der Nordfassade der Markuskirche in Venedig zu sehen.

Rechte Seite: Die Miniatur aus einer Handschrift der *Chamse* von Nisami (um 1590) zeigt Alexander mit den sieben Weisen. In dem persischen Werk steht der König der Makedonen, der nicht nur Monarch und Krieger ist, sondern mit dem Nimbus heiliger Tugenden versehen, im Mittelpunkt von Gesprächen über der Welten Weisheit. Der islamischen Tradition zufolge besaß jeder Prophet bestimmte außerordentliche Fähigkeiten; Alexander zeichnete sich wohl dadurch aus, dass er alle Sprachen der Welt kannte.

Trani und Otranto dargestellt. Einige Bibelkommentatoren gingen sogar so weit, Alexander für den Vorläufer des Antichrist zu halten, vermutlich weil sie ihn mit anderen Herrschern des Altertums verwechselten. Außerhalb der Kirche schmückten Alexanderdarstellungen weiterhin Handschriften und die Wände von Palästen, wie beispielsweise im Schloss Manta in Piemont, wo er im Kreise der großen Herrscher der Antike erscheint. In der Renaissance inspirierten seine Heldentaten Künstler wie Raffael, Sodoma oder Perin del Vega; in der Neuzeit machten ihn Racine und Metastasio zum Protagonisten von Theaterstücken; die Aufklärer Montesquieu und Voltaire hielten Lobesreden auf ihn und Ludwig

Insbesondere die Himmelfahrt des Königs wurde aus kirchlichem Verständnis als Manifestation teuflischen Hochmuts angesehen und folglich auch als solche in Werken wie den Bodenmosaiken der Kathedralen von

XIV. und Napoleon erhoben ihn gar zu ihrem Ideal und ließen ihre Hofkünstler Bildnisse von ihm anfertigen. Und noch heute, obwohl die Zeit der großen Monarchen längst passé ist, vermag der Ruhm dieses außergewöhnlichen Mannes und sein »kurzes, aber glorreiches« Leben Interesse und Neugier zu wecken – allen Historikern zum Trotz, die in den letzten Jahrzehnten seine Grenzen auf menschlicher wie politischer Ebene aufgezeigt haben.

Voltaire

»Soviel zumindest darf als sicher gelten: dass Alexander, mit gerade einmal 24 Jahren, in drei Schlachten Persien unterwarf, dass er ebenso scharf von Verstand wie mutig war und dass er das Antlitz Asiens, Griechenlands, Ägyptens und das des Welthandels veränderte ...«

Glossar

Agrianen, Bergvolk, das nahe der Nordgrenze Makedoniens ansässig war. Ihre unerschrockenen Kampftruppen waren mit Wurfspießen ausgerüstet und auf Angriffe und Blitzüberfälle spezialisiert. Diese Krieger spielten in manch heiklen Situationen eine entscheidende Rolle.

Antigonos, genannt Monophthalmos, »der Einäugige« (382–301 v. Chr.). Makedonischer Feldherr, der schon unter Philipp II. diente. Auf Alexanders Persienfeldzug befehligte er das Truppenkontingent der griechischen Bundesgenossen und war seit 333 Satrap von Phrygien. Nach Alexanders Tod unterwarf er die benachbarten Satrapien und verbündete sich mit Antipatros und Krateros gegen Eumenes und Perdikkas, die für die Beibehaltung der Einheit des Alexanderreiches eintraten. In den darauf folgenden Kriegen sicherte er sich die Herrschaft über Medien, Persien und Babylonien und nahm den Königstitel an (306). Durch die Koalition der anderen Diadochen in Bedrängnis geraten, wurde er in einen lang anhaltenden Krieg verwickelt, der mit seinem Tod in der Schlacht bei Ipsos endete. Nach weiteren Kämpfen wurde sein Sohn Demetrios I. Poliorketes König von Makedonien (294) und vererbte seinen Herrschertitel an seine Nachkommen.

Antipatros, makedonischer Feldherr (398–319 v. Chr.). Der schon unter Philipp II. einflussreiche Staatsmann setzte sich für Alexander als Nachfolger seines Vaters ein und wurde von diesem vor Beginn des Asienfeldzuges zu seinem *strategós*, das heißt Stellvertreter und Statthalter von Europa, ernannt. In diesem Amt bewies er höchstes Geschick, führte siegreiche Kriege gegen die Thraker und die Spartaner unter ihrem König Agis III., und sicherte so die makedonische Hegemonie über Griechenland. Nach dem Tod Alexanders konnte er eine Erhebung griechischer Stadtstaaten unter der Führung Athens niederschlagen. Nach dem Tod des Perdikkas, mit dem er verfeindet war, wurde er in seinem Amt bestätigt und übte es bis zu seinem Tod aus, wobei er mehrere Kriege gegen die ehrgeizigsten unter den Diadochen führte. Kurz bevor er starb, nominierte er den Feldherrn Polyperchon, den er seinem eigenen Sohn Kassander vorzog, zu seinem Nachfolger.

Arachosien, Satrapie im Osten von Ariana; Grenzen: Paropamisosgebirge (Hindukusch) im Norden, Drangiane und Areia im Westen, Gedrosien im Süden. Hier gründete Alexander die Stadt Alexandria in Arachosien, das heutige Kandahar. Dem Gebiet entspricht heute der südliche Teil Afghanistans (Registan und Grenzregionen).

Areia, Satrapie im Osten von Ariana; Grenzen: Arachosien und Drangiane im Süden, Parthien im Westen und Margiane im Norden. Hier gründete Alexander die Stadt Alexandria in Areia, das heutige Herat. Dem Gebiet entspricht heute der Nordwesten Afghanistans.

Ariana, geographische Bezeichnung aus hellenistischer Zeit für die östlichen Gebiete des Persischen Reiches zwischen der iranischen Hochebene und den Tiefebenen von Oxus (Amudarja) und Iaxartes (Surdarja).

Aristandros, Wahrsager aus Lykien vom Geschlecht der Telmesser, die für ihre Wahrsagekünste berühmt waren. Er begleitete Alexander auf seinem gesamten Feldzug, assistierte ihm bei der Darbringung zeremonieller Opfer und war stets darauf bedacht, die Vorzeichen in einer für den Herrscher zum Vorteil gereichenden Weise zu deuten. Im Vorfeld von Schlachten galten seine Prophezeiungen meist der Ermutigung der Truppen.

Aristoteles, griechischer Philosoph (384–322 v. Chr.). Sohn eines Arztes, der für Philipp II. tätig war. Er wurde in Platons Akademie in Athen aufgenommen, wo er bis zu dessen Tod blieb. Danach folgten Aufenthalte in Assos (Kleinasien) und Mytilene, wo er sich wissenschaftlichen Studien widmete. Er wurde von Philipp II. für drei Jahre als Erzieher seines Sohnes Alexander an den makedonischen Hof gerufen. Anschließend kehrte er nach Athen zurück, wo er eine eigene Schule gründete, die Lykeion genannt wurde, weil sie sich am heiligen Hain des Apollon Lykeios befand. Nach dem Tod Alexanders verließ er Athen und zog sich nach Chalkis auf der Insel Euböa zurück, wo er bald darauf starb.
Die Theorien von Aristoteles haben die Geschichte der Philosophie bis heute maßgeblich beeinflusst. Seine Originalität besteht vor allem in einer völlig neuen Auffassung des philosophischen Denkens, das nicht mehr nur als Erkenntnisübung oder Erhebung der Seele zu den Ideen begriffen wird, sondern auch als wissenschaftliche Tätigkeit, die in einem System unterschiedlicher Disziplinen zum Tragen kommt und den Zweck hat, die Wirklichkeit in all ihren Erscheinungen zu untersuchen.

Arrhidaios, König von Makedonien (†317 v. Chr.). Sohn Philipps II. und der Hetäre Philinna, einer Tänzerin aus Thessalien. Wegen seiner geistigen Behinderung – nach der Legende die Folge eines Zaubertranks, den Olympias ihm verabreichte – schien es höchst unwahrscheinlich, dass er jemals eine politische Rolle spielen würde. Doch nach dem Tod Alexanders ernannte ihn die Versammlung der Generäle als Philipp III. zum König von Makedonien, wenngleich ihm Krateros als Vormund zur Seite gestellt wurde. Als Letzterer starb, fiel er in die Hände von Olympias und wurde von ihr ermordet.

Artaxerxes III. Ochos, persischer Großkönig (†338 v. Chr.); Sohn von Artaxerxes II. und Vetter des späteren Großkönigs Dareios III. Er musste sich fast während seiner gesamten Regierungszeit gegen Aufstandsbestrebungen der Satrapen zur Wehr setzen. Der erbarmungslose Herrscher machte Syrien dem Erdboden gleich und legte Sidon in Schutt und Asche. Es gelang ihm, das seit 404 unabhängige Ägypten zu erobern und den letzten Pharao, Nektanebos II., zu vertreiben (343). Artaxerxes wurde durch den Chiliarchen Bagoas ermordet, der fürchtete, seine Machtposition am Hofe zu verlieren.

Assakenen, Bergvolk in Zentralasien, das das Swatgebiet in Nordpakistan an der Grenze zu Kaschmir besiedelte.

Assyrien, Gebiet zwischen den armenischen Gebirgsketten, der Westspitze des Zagrosgebirges und dem Tigris; einst die Wiege der assyrischen Kultur. Der historischen Landschaft entsprechen heute der nördliche Teil von Irak und der Osten der Türkei.

Attalos, makedonischer Feldherr (†336 v. Chr.). Der Anführer eines der mächtigsten Clans von Makedonien stellte eine familiäre Bindung zu Philipp II. her, indem er ihm seine Nichte Kleopatra zur Frau gab. 337 wurde er als Vorauskommando mit Parmenion nach Kleinasien geschickt. Nach dem Tod Philipps ließ Alexander ihn ermorden, weil er fürchtete, dass er sich seiner Ernennung zum König entgegenstellen könnte.

Baktrien, Satrapie im Osten von Ariana; zwischen dem Pamirgebirge und dem äußersten Osten der iranischen Hochebene gelegen, vom Oxus durchflossen. Grenzen: Sogdiane im Norden, Arachosien im Süden, Areia und Margiane im Westen. Das historische Gebiet entsprach etwa dem heutigen Nord-Afghanistan (die Regionen um Kabul und Mazar-e Sharif). Ihre einstige Hauptstadt war Baktra, das heutige Balkh.

Barsine, Favoritin Alexanders (356–309 v. Chr.?). Tochter des Satrapen Artabazos; Gattin des Mentor und später von dessen Bruder Memnon, beides Kommandeure der Söldnertruppen ihres Vaters. Als Artabazos von Artaxerxes III. besiegt wurde, flüchtete sie mit ihrer Familie nach Makedonien, wo sie wahrscheinlich Alexander als jungen Knaben kennen lernte. Sie war schon verwitwet, als Parmenion sie in Issos gefangen nahm und sie dem jungen König überließ. Die Liaison mit Alexander währte fünf Jahre. Ihr

gemeinsamer Sohn Herakles war noch ein junger Mann, als er von Kassander ermordet wurde.

Bessos, Satrap von Baktrien (†329 v. Chr.). Verwandter des persischen Großkönigs Dareios III. aus dem Hause der Achaimeniden; nahm als Oberbefehlshaber des linken Flügels des persischen Heeres an der Schlacht bei Gaugamela teil. Nach der Niederlage folgte er dem Großkönig nach Ekbatana. Als offensichtlich wurde, dass dieser nicht mehr imstande war, die Invasoren aufzuhalten, beschloss er, sich seiner zu entledigen (Juli 330) und proklamierte sich als Artaxerxes IV. selbst zum Großkönig. Alexander verfolgte ihn bis nach Zentralasien, nahm ihn gefangen und ließ ihn hinrichten.

Dardaner, kriegerisches illyrisches Volk, das das Gebiet zwischen dem Fluss Axios (Vardar) und der Moravia an der Nordgrenze Makedoniens besiedelte.

Dareios I., der Große, persischer Großkönig (550–486 v. Chr.). Nach der Ermordung des Usurpators Gaumata aus dem Stamm der Magier, der sich als Sohn Kyros' II. ausgegeben hatte, stellte er die Herrschaft der Achaimeniden wieder her. Nach der erfolgreich abgeschlossenen Umgestaltung des Reiches, das er in 20 tributpflichtige Satrapien unterteilte und das während seiner Regierungszeit die größte Ausdehnung erreichte, versuchte er das Machtzentrum weiter nach Westen zu verlagern. Der Aufstand der ionischen Städte und dessen Unterstützung durch Athen lieferten ihm den Vorwand für die Entsendung eines riesigen Heeres zur Unterwerfung Griechenlands, doch nach der Niederlage in der Schlacht bei Marathon (490) musste er die Unternehmung aufgeben. Dareios starb während der Vorbereitungen für einen neuen Feldzug.

Dareios III. Kodomannos, persischer Großkönig (um 380–330 v. Chr.). Er entstammte einer Nebenlinie der Achaimenidendynastie (er war ein Neffe von Artaxerxes II.) und gelangte mit Hilfe des mächtigen Eunuchen Bagoas auf den Thron, nachdem dieser Artaxerxes III. und seinen Sohn vergiftet hatte. Dareios, der einige Kriege erfolgreich geführt hatte und für seine Tapferkeit berühmt war, ließ keinen Zweifel an seiner Entschlossenheit, beseitigte umgehend Bagoas und bemühte sich nach Kräften, das nach jahrelangen internen Auseinandersetzung geschwächte Reich wieder aufzurichten. Seine Hoffnungen wurden durch den Vormarsch Alexanders zunichte gemacht, der innerhalb von wenigen Jahren fast das gesamte Reich in seine Gewalt brachte. Er flüchtete in die Ostprovinzen, wo er das Opfer einer von seinem Verwandten Bessos und den Satrapen Barsaentes und Satibarzanes angezettelten Verschwörung wurde, die ihn entmachteten und schließlich ermordeten. Alexander nahm sich seines Leichnams an und ließ ihn, da er sich als sein rechtmäßiger Nachfolger begriff, mit allen ihm gebührenden Ehren bestatten.

Demosthenes, athenischer Staatsmann und Redner (384–322 v. Chr.). Als Befürworter einer Wiederaufnahme der imperialistischen Politik durch Athen prangerte er die von Philipp II. ausgehende Gefahr in einer Reihe von Reden an, die als philippische und olyntische Reden in die Geschichte eingegangen sind. Nachdem er in die aktive Politik übergewechselt war, konnte er seine Mitbürger überzeugen, eine antimakedonische Allianz mit den Thebanern zu bilden. Nach der Schlacht von Chaironeia, in der er als Söldner mitgekämpft hatte, spann er an seinen politischen Intrigen weiter. Nach dem Tod Philipps drängte er die Athener, wieder zu den Waffen zu greifen, und überzeugte sie mit dem Argument, dass Alexander keinerlei Gefahr darstellen würde. Obwohl die Zerstörung von Theben das genaue Gegenteil bewies, genoss er weiterhin großes Ansehen und seine leidenschaftliche politische Selbstverteidigungsrede (die sog. Kranzrede) fand eine ungeheuer positive Resonanz. Als im Zusammenhang mit dem Skandal um Harpalos seine Bestechlichkeit ans Licht kam, musste er für einige Zeit aus Athen fliehen. Er kehrte aber nach dem Tod Alexanders dorthin zurück und organisierte einen neuerlichen Aufstand. Nach seiner endgültigen Niederlage war er gezwungen, sich das Leben zu nehmen, um sich den Mördern des Antipatros zu entziehen.

Diogenes von Sinope, griechischer Philosoph (um 400–328/323 v. Chr.); der bekannteste Vertreter des Kynismus. Diogenes, der vor allem wegen seiner unkonventionellen Lebensführung und freiheitlichen Gesinnung gegenüber den Mächtigen in die Geschichte einging, war in Wirklichkeit der Begründer einer strengen Ethik. Im Zentrum seines philosophischen Lehrgebäudes stand die Tugend, die man durch harte geistige und körperliche Übung erlangen konnte, nachdem man sich jeglicher materieller Gelüste entledigt hatte. Seine revolutionären Lehren beeinflussten den Stoizismus und in mancher Hinsicht auch das Christentum.

Drangiane, Satrapie in Ariana; Grenzen mit Gedrosien, Parthien, Areia und Arachosien. Das historische Gebiet, eine von Wüsten umgebene fruchtbare Hochebene, erstreckte sich beiderseits der heutigen iranisch-afghanischen Grenze und entspricht in etwa der Landschaft Sistan.

Epirus, Region im Nordwesten Griechenlands an der Grenze zu Illyrien, Makedonien und Thessalien. Zur Zeit Philipps und Alexanders war sie von verschiedenen gemischtsprachigen illyrisch-makedonischen Stämmen bewohnt. Wichtigste Bevölkerungsgruppe waren die Molosser, aus deren königlicher Familie Olympias entstammte.

Eumenes von Kardia, griechischer Staatsmann (um 362–316 v. Chr.). Unter Philipp II. und Alexander Leiter der königlichen Kanzlei. Während des Asienfeldzuges hatte er die Aufgabe, die königlichen Tagebücher zu verfassen, die sog. Ephemeriden, in denen alle Details des Eroberungszuges festgehalten wurden – eine bedeutende Quelle, aus der sämtliche Historiker und Biographen des makedonischen Königs schöpften. Nach dem Tod Alexanders wurde Eumenes Satrap von Kappadokien, verbündete sich mit Perdikkas und trat als Verfechter der Reichseinheit und der Rechte der legitimen Nachfolger auf. Er zeichnete sich durch besonderes diplomatisches und kriegerisches Geschick aus und konnte eine Zeitlang die ehrgeizigen Pläne der Diadochen erfolgreich vereiteln, unterlag aber schließlich Antigonos. Er wurde gefangen genommen und hingerichtet.

Gedrosien, Satrapie in Ariana am Arabischen Meer. Sie bestand größtenteils aus sandiger Wüste und erstreckte sich von Karmanien (Ost-Iran) bis zur indischen Grenze. Das Gebiet entspricht in etwa dem heutigen Belutschistan, eine Landschaft, die sowohl zu Iran als auch zu Pakistan gehört.

Harpalos, makedonischer Würdenträger (†324 v. Chr.). Jugendfreund Alexanders, der trotz einer Lähmung, die ihn für eine militärische Karriere untauglich machte, den Asienfeldzug begleiten wollte. In dessen Verlauf wurde er von Alexander zum Satrapen und Verwalter des königlichen Vermögens ernannt. Während Alexanders Aufenthalt in Indien unterschlug und verschwendete er skrupellos das Staatsvermögen. Nach der Rückkehr des Königs floh er mit seinen eigenen Truppen und einem Großteil des Reichsschatzes nach Athen. Als Alexander um seine Auslieferung ersuchte, gelang es Harpalos, Demosthenes und andere athenische Politiker zu bestechen, damit sie ihm die Flucht ermöglichten. Er floh er nach Kreta, wo er bald darauf von einem seiner eigenen Offiziere ermordet wurde.

Hephaistion, makedonischer Feldherr (†324 v. Chr.). Altersgenosse von Alexander und seit frühester Jugend engster Freund. Während des Asienfeldzuges hatte er verschiedene hochrangige Funktionen inne, bewährte sich als tapferer Kämpfer und unterstützte voller Enthusiasmus Alexanders Politik der Gleichstellung von Siegern und Besiegten. Er pflegte einen so vertrauten Umgang mit dem König, dass ihn Dareios' Mutter nach ihrer Gefangennahme aufgrund seiner majestätischen Erscheinung für den Regenten hielt; Letzterer nahm es ihr jedoch nicht übel, ja, er ließ sich sogar zu der Bemerkung hinreißen, dass Hephaistion ebenfalls Alexander sei. Selbst mit den Jahren ließ die Liebe der beiden Männer füreinander nicht nach, und sie wurde durch eine Reihe öffentlicher Gesten der Anerkennung durch Alexander bekräftigt. Um ihn noch enger an sich zu binden, vermählte ihn der König bei der Massenhochzeit in Susa mit einer von Dareios' Töchtern, und machte ihn so zu seinem Schwager, wenig später ernannte er ihn zum Chiliarchen, zum höchsten Würdenträger des Reiches nach dem König. Doch Hephaistion konnte dieses Amt nur wenige Monate ausüben, denn er starb im selben Jahr eines plötzlichen Todes. Alexander war untröstlich und ließ ihm die Ehren eines Halbgottes angedeihen. Solange der König am Leben war, blieb die Stelle des Chiliarchen vakant.

Hermias, griechischer Staatsmann (†342/341 v. Chr.). Er wurde als Sklave geboren, durch den Tyrannen von Atarneus in die Freiheit entlassen und besuchte Platons Akademie in Athen. Wieder in Kleinasien, konnte er sich als Tyrann seiner Geburtsstadt Atarneus durchsetzen (um 350), agierte aber als weiser und gerechter Herrscher. Er gab seine Tochter (oder Nichte?) Aristoteles zur Frau und strebte wohl eine antipersische Allianz mit Philipp II. an. Jedenfalls wurde er wegen Verrats von Gesandten des Artaxerxes III. gefangen genommen, gefoltert und schließlich hingerichtet, nachdem er sich geweigert hatte, die Namen von Komplizen preiszugeben.

Hyrkanien, Satrapie im Norden von Ariana am Kaspischen Meer, an der Grenze zu Medien und Margiane. Heute entspricht das Gebiet der nordiranischen Provinz Masenderan östlich von Teheran (dem antiken Rhagai).

Ichthyophagen, wörtlich »Fischesser«. Primitives Volk in Makran, dem Küstengebiet von Gedrosien, das ein geradezu steinzeitliches Dasein fristete. Die Menschen lebten unter ärmlichsten Bedingungen, besaßen einige wenige Ziegen und ernährten sich von gestrandeten Walen, aus deren Knochen sie Gerätschaften, bisweilen auch Behausungen fertigten.

Illyrer, mit den Thrakern verwandtes Volk indo-europäischer Herkunft, das in verschiedene Stämme geteilt war. Vom Volksnamen leitete sich auch der Name ihres Gebietes ab – Illyrien –, eine bergige Landschaft auf der Balkanhalbinsel, die von der Adria bis zur Morava und von Epirus bis zur mittleren Donau reichte, was in etwa Teilgebieten des heutigen Albanien und Montenegros entspricht.

Ionien, Küstenregion in Westanatolien, die durch die Ionier und andere griechische Stämme kolonisiert wurde, die bedeutende Städte wie Ephesos, Samos und Milet gründeten. Hier trafen die griechische Zivilisation und die asiatischen Kulturen aufeinander. Der Ionische Aufstand gegen die Herrschaft der Achaimeniden zog die Perserkriege nach sich.

Kalanos, indischer Gymnosophist (wörtlich »nackter Weiser«) (†324 v. Chr.). Da er die traditionell für indische Brahmanen vorgesehenen 37 Jahre Askese abgeleistet hatte, fühlte er sich frei, sich dem Gefolge Alexanders und seinem Heer anzuschließen. Den Biographen zufolge erteilte er dem König bei verschiedenen Gelegenheiten weise Ratschläge. Nach der Durchquerung der Gedrosischen Wüste, die er heil überstand, erkrankte er bei seiner Ankunft in Persien und beschloss, sich seiner sterblichen Hülle zu entledigen: Er verbrannte sich selbst auf einem Scheiterhaufen in Anwesenheit von Alexander und seinen Freunden, die ihm in tiefer Ergriffenheit die letzte Ehre erwiesen.

Kallisthenes, griechischer Geschichtsschreiber aus Olynth (um 370–327 v. Chr.); Neffe und Schüler des Aristoteles. Er begleitete Alexander während des Persienfeldzuges als offizieller Berichterstatter. Bis zum Sturz des Großkönigs Dareios III. gehörte er zu den größten Verherrlichern der Unternehmungen des makedonischen Königs, den er als griechischen Helden den barbarischen Völkern gegenüberstellte. Später allerdings, angesichts der zunehmenden »Persifizierung« des Hofzeremoniells, trat er in scharfen Gegensatz zu Alexander, dessen politischen Umschwung er nicht nachvollziehen konnte. Er verlor die Gunst des Eroberers, wurde 327 der Anstiftung zur Pagenverschwörung angeklagt und gefangen genommen. Er starb vermutlich in der Haft. Kallisthenes verfasste die *Hellenika,* eine griechische Geschichte in zehn Bänden, von der nur noch wenige Fragmente erhalten sind. Der überaus populäre *Alexanderroman,* mit dem sein Name in Verbindung gebracht wurde, stammt nicht von ihm.

Kambyses II., persischer Großkönig (†522 v. Chr.). Sohn von Kyros II., dem Großen, dem er auf den Thron folgte und dessen Reich er konsolidierte und durch die Eroberung Ägyptens erweiterte. Nach seinem Tod besetzte der Magier Gaumata den Thron und gab sich für Smerdis aus, einen Bruder des Großkönigs, den Letzterer heimlich beseitigt hatte.

Kappadokien, weite Landschaft in Kleinasien, die sich zwischen Ionien und Armenien erstreckte; Kernland des Hethiterreiches. Unter den Achaimeniden war sie in zwei Satrapien unterteilt: Kappadokien und Pontos. Heute läge das historische Gebiet innerhalb des türkischen Staatsterritoriums.

Karien, Satrapie in Kleinasien; Grenzen: Lydien und Phrygien im Norden, Lykien im Süden. An der Küste wurden die ionischen Städte Milet und Halikarnassos gegründet. Heute wäre dieses Gebiet ein Teil der Türkei.

Kassander, makedonischer Feldherr (um 355/350–297 v. Chr.); Sohn des Antipatros. Er nahm nicht am Asienfeldzug teil. Der Altersgenosse Alexanders hegte eine heftige Aversion gegen den König, unter anderem auch deswegen, weil dieser ihn einmal in aller Öffentlichkeit gedemütigt und geschlagen hatte. Er war grausam und unerbittlich, und sogar sein Vater schloss ihn als Nachfolger für sein

Amt als Reichsverweser aus und nominierte den Feldherrn Polyperchon an seiner statt. Später beseitigte Kassander den Rivalen, proklamierte sich selbst zum König von Makedonien und ließ die letzten Mitglieder der Argeadendynastie ermorden. Lange Jahre hatte er die Herrschaft über ganz Griechenland inne; er überließ das Reich seinem Sohn Philipp, der allerdings 294 von Demetrios Poliorketes entthront wurde.

Kleitos, genannt der Schwarze, makedonischer Feldherr (†328 v. Chr.); Sohn der Amme Alexanders. Brüderlicher Freund des makedonischen Königs, dem er in der Schlacht am Granikos (334) das Leben rettete. Als Kommandeur der Königsschwadron, der Eliteeinheit der Hypaspisten, zeichnete er sich in allen entscheidenden Schlachten durch große Tapferkeit aus. Als Belohnung für seine erwiesenen Dienste wurde er zum Satrapen von Baktrien ernannt, konnte dieses Amt aber niemals antreten: Während eines Symposions in Marakanda geriet er in einen heftigen Streit mit Alexander, dessen Gebaren er zu kritisieren gewagt hatte, woraufhin dieser sturzbetrunkenem und voller Rage eine Waffe zückte und ihn tötete.

Koinos, makedonischer Feldherr (†326 v. Chr.). Bis zu dem Zeitpunkt, als Philotas und Parmenion – sein Schwager und Schwiegervater – der Verschwörung angeklagt wurden (330), nahm er nur einen untergeordneten Rang ein. Bei diesem Prozess gehörte er zu den schonungslosesten Anklägern, indes sein Bruder Kleandros, der Vizekommandeur von Parmenion, unmittelbar an der Ermordung seines Vorgesetzten beteiligt war. Im Krieg zeichnete er sich durch große Tüchtigkeit aus und tat sich im Kampf gegen Spitamenes und in der Schlacht am Hydaspes hervor. Er war es, der sich im Namen des Heeres gegen Alexanders Befehl aussprach, bis zum Ganges weiterzumarschieren. Als er wenige Monate später nahe am Fluss Hydaspes an einer Krankheit starb, ließ der König ihm zu Ehren eine feierliche Bestattung ausrichten.

Krateros, makedonischer Feldherr (†321 v. Chr.). Er nahm am Asienfeldzug teil und gehörte zu den engsten Freunden Alexanders. Es heißt, dass er ihm bei einer Löwenjagd das Leben rettete. Er war dem König treu ergeben, aber grausam und ehrgeizig; er beschuldigte Philotas des Verrats und setzte sich dafür ein, dass er zum Tod verurteilt wurde. Nach der Ermordung von Parmenion folgte er ihm als Vizekommandeur des Heeres nach. Nach der Rückkehr aus Indien vermählte ihn Alexander in Susa (324) mit der Nichte von Dareios III. und ernannte ihn zum Nachfolger von Antipatros, den er in seiner Funktion als Statthalter von Makedonien ersetzen sollte. Doch nach dem Tod Alexanders verbündete sich Krateros mit Antipatros und kämpfte in den Diadochenkriegen gegen Perdikkas und Eumenes von Kardia. Von Letzterem wurde er geschlagen und fiel im Kampf.

Kyros II., der Große, Gründer des Persischen Reiches (†529 v. Chr.); Sohn eines Lokalfürsten und einer medischen Prinzessin. Nach dem Tod von Astyages, seinem Großvater mütterlicherseits, vereinte er die Dynastien von Persien und Medien und errichtete ein mächtiges Reich, das in der Folge durch die Eroberung von Lydien und Mesopotamien erweitert wurde. Um dieses riesige Territorium verwalten zu können, unterteilte Kyros es in Satrapien, die mit einer gewissen Autonomie ausgestattet wurden. Auch zeichnete er sich durch eine große Toleranz gegenüber den unterworfenen Völkern aus, ein Verhalten, das ihn selbst aus griechischer Sicht zur Figur des idealen, weisen und gerechten Herrschers machte, wie dies aus Herodots *Historien* und Xenophons *Kyrupädie* deutlich wird.

Leonidas, epirotischer Höfling und Verwandter der Olympias. Er war der erste, überaus gestrenge Lehrer Alexanders, der von ihm lernte, Entbehrungen und Mühsal zu ertragen und auf jeglichen Luxus zu verzichten. Nachdem Alexander König geworden war, zog er ihn wegen seines Geizes auf und sandte ihm eine große Portion Weihrauch, damit er nicht mehr so knausrig mit den Göttern sei.

Lydien, Satrapie an der Westküste Kleinasiens (heute West-Anatolien in der Türkei), zwischen Mysien im Norden, Phrygien im Osten und Karien im Süden. Unter dem legendären König Krösus (6. Jh. v. Chr.) erreichte das Lyderreich seine größte Ausdehnung, geriet in der Folge aber unter persische Herrschaft. Die Hauptstadt Sardes war eines der wichtigsten Zentren des Alexanderreiches.

Lysimachos, makedonischer Feldherr (361/360–281 v. Chr.). Während des Asienfeldzuges tat er sich als agiler Kommandeur hervor. Nach dem Tod des Königs gehörte er zum Kreis der Diadochen und erhielt Thrakien sowie die angrenzenden Gebiete. Im Verlauf der Kriege, die die Nachfolger Alexanders gegeneinander ausfochten, konnte er Makedonien, Thessalien und einen Teil von Kleinasien erobern und zeitweise auch halten. Lysimachos fiel im Kampf gegen Seleukos und Ptolemaios bei Kurupedion.

Lysimachos, griechischer Lehrer. Der Erzieher Alexanders berichtete ihm von den Heldentaten der homerischen Heroen und übte damit einen ganz wesentlichen Einfluss auf den Charakter des künftigen Eroberers aus. Obwohl schon nicht mehr der Jüngste, wollte er seinen ehemaligen Schüler unbedingt auf seinem Persienfeldzug begleiten und nahm auch an militärischen Operationen an seiner Seite teil. Einmal, es war in Phönikien, wurde der alte Lehrer von einem feindlichen Trupp umzingelt, und Alexander zögerte nicht, sein Leben aufs Spiel zu setzen, um ihn zu retten.

Maller, kriegerisches Volk aus Indien, das die Landschaft am Oberlauf des Hyphasis (Beas) und des Akesines (Chenab) – beides Zuflüsse des Indus – besiedelte (heute Pakistan).

Mazaios, persischer Staatsmann. Einer der höchsten Würdenträger des Perserreiches, der Satrap von Phönikien, Kilikien, Syrien und Mesopotamien. Nach der Schlacht von Gaugamela (331), bei der er den rechten Flügel des persischen Heeres befehligt hatte, schlug er sich auf die Seite Alexanders und übergab ihm Babylon widerstandslos. Von da an bekleideten Mazaios und seine Familie hoch angesehene Ämter am Hofe des Eroberers.

Medien, gebirgiges Hochland südwestlich des Kaspischen Meeres, das an Armenien, Parthien und Karmanien grenzte (heute Nordwest-Iran), mit den Hauptstädten Ekbatana (heute Hamadan) und Rhagai (heute Raj; die südliche Vorstadt Teherans). Medien war das Kernland des mächtigen Reiches der Meder und ging später im Achaimenidenreich auf. Alexander teilte das Gebiet auf: Den Südteil (Groß-Medien) erhielt der Makedone Peithon, den Nordteil der persische Satrap Atropates, nach dem dieses Gebiet Atropatene (heute Aserbaidschan) hieß.

Memnon, griechischer General aus Rhodos (380–333 v. Chr.). Er unterstützte den Satrapen Artabazos, Barsines Vater, in einem Aufstand gegen Artaxerxes III. Nach seiner Niederlage suchte er Unterschlupf am Hof Philipps II., wo er wahrscheinlich den Knaben Alexander kennen lernte. Zurück in Asien, stellte er sich in den Dienst von Dareios III. und besiegte das Vorauskommando unter Führung von Attalos und Parmenion in einem Gefecht. Er nahm, allerdings in untergeordneter Funktion, an der Schlacht am Granikos teil. Danach war er Oberbefehlshaber von ganz Kleinasien und führte mit beachtlichem strategischem Geschick eine gefahrvolle Offensive in der Ägäis durch. Sein plötzlicher Tod – er starb vor den Stadtmauern von Mytilene auf Lesbos – befreite Alexander von einem gefährlichen Gegner.

Nearchos, Flottenbefehlshaber Alexanders (†312 v. Chr.?). Der gebürtige Kreter war einer der ältesten und besten Freunde Alexanders (aus Liebe zu ihm musste er nach der Pixodaros-Affäre eine Zeitlang in die Verbannung). Zu Beginn des Persienfeldzuges wurde er zum Satrapen von Lykien ernannt; doch als die Expedition nach Indien geplant wurde, wollte ihn der König, der großes Vertrauen in seine Talente als Seefahrer und Wissenschaftler setzte, bei sich haben. Auf dem Rückzug befehligte er die Flotte, die von der Indusmündung bis zur Mündung des Tigris segelte. Diese bemerkenswerte Leistung dankte ihm der König durch die Ernennung zum Flottenbefehlshaber der Expedition zur Eroberung von Arabien. Nach dem Tod Alexanders stellte sich Nearchos in den Dienst von Antigonos und seinem Sohn Demetrios. In den letzten Jahren lebte er meist in Abgeschiedenheit, um einen – heute verloren gegangenen – Bericht über seine Erkundungsfahrt zum Persischen Golf zu schreiben. Er starb in der Schlacht von Gaza.

Nektanebos II., ägyptischer Pharao (†343 v. Chr.). Der letzte Herrscher der 30. Dynastie, der die Einnahme Ägyptens durch das persische Heer unter Artaxerxes III. zu verhindern suchte. Nach seiner Niederlage zog er sich in den Süden des Landes zurück und leistete noch eine Zeitlang Widerstand, um dann endgültig in der Nubischen Wüste zu verschwinden. In einer der Überlieferungen des *Alexanderromans* wird Nektanebos als Magier beschrieben, der Olympias mit Hilfe von Zaubertränken verführt und Alexander mit ihr zeugt.

Nysaier, so nannten die Griechen ein Bergvolk, das in der Gegend um das heutige Chitral in Nordpakistan lebte. Aus verschiedenen Gründen – wie zum Beispiel die Tatsache, dass hier viel Wein und Efeu wuchs – hielten die Makedonen sie für die Nachkommen der Männer und Frauen im Gefolge des Weingottes Dionysos. Einigen Forschern zufolge waren sie die Urahnen der Kafiren (Nuristani).

Olympias, Königin von Makedonien (375–316 v. Chr.). Tochter des epirotischen Königs Neoptolemos I. aus dem Stamm der Molosser; Gemahlin Philipps II. (seit 357), mit dem sie zwei Kinder hatte, Alexander und Kleopatra (sie wurde später mit ihrem Onkel Alexander, dem König von Epirus, vermählt). Nach dem Tod Philipps schloss Alexander sie aus der Regierung aus, obgleich er eine große Zuneigung zu ihr hegte, und setzte den Feldherrn Antipatros als Statthalter ein. In den Wirren, die auf den Tod Alexanders folgten, war sie direkt in die Kämpfe um die Nachfolge des Herrschers involviert, unterstützte Polyperchon gegen Kassander und ließ neben vielen anderen Gegnern auch ihren Stiefsohn Arrhidaios ermorden. Nach der Niederlage von Polyperchon floh sie zusammen mit seinen Anhängern in die Stadt Pydna, die Kassander daraufhin belagerte. Als Olympias in die Hände der Feinde fiel, übergaben sie sie den Familienangehörigen derer, die sie selbst hatte ermorden lassen, und wurde von ihnen hingerichtet.

Onesikritos, griechischer Philosoph und Geschichtsschreiber; Schüler des kynischen Philosophen Diogenes. Er begleitete das makedonische Heer während des Indienfeldzuges und wurde von Alexander beauftragt, die indischen Gurus aufzusuchen, um sie zu befragen. Bei der Planung des Rückzugs setzte sich Nearchos, der eine viel bessere Meinung über die Seeerfahrenheit des Philosophen hatte als der König, mit seiner Forderung durch, ihn zum Steuermann der Flotte zu machen. Nach dem Tod Alexanders zog sich Onesikritos bald zurück, um die Lebensgeschichte des Eroberers niederzuschreiben; von dem verklärenden Werk sind allerdings nur noch wenige Fragmente vorhanden.

Paionier, Volk im Norden Makedoniens, das über eine beschränkte Autonomie verfügte. Die Paionier erlagen in den

Kämpfen gegen Philipp II. und Alexander und mussten den Makedonen fortan Truppenkontingente zur Verfügung stellen.

Parmenion, makedonischer Feldherr (um 400–330 v. Chr.). Er war der wichtigste Mitarbeiter von Philipp II., der ihn zusammen mit Attalos an der Spitze eines Vorauskommandos nach Kleinasien schickte. Nach Philipps Tod wurde er Zweiter Kommandeur der makedonischen Truppen und trug in entscheidendem Maße an den Siegen am Granikos, bei Issos und Gaugamela bei. Später wurde er nach Ekbatana abkommandiert, wo er den Oberbefehl über die dortigen Besatzungstruppen innehatte. Nachdem sein Sohn wegen einer angeblichen Verschwörung hingerichtet worden war, wurde er selbst – vermutlich zu Unrecht – als Mitwisser verdächtigt. Alexander nahm dies zum Vorwand, ein Mordkommando nach Ekbatana zu schicken. Der alte General wurde im Garten seines Palastes ermordet.

Pausanias, makedonischer Offizier (†336 v. Chr.). Er ging als vermeintlicher Mörder von Philipp II. in die Geschichte ein, wobei er einigen Biographen zufolge auch dessen Geliebter war. Als er eines Tages feststellen musste, dass ihm ein anderer Jüngling, der mit Attalos verwandt war, seinen Platz streitig machte, ließ er den Rivalen aus dem Weg räumen. Attalos rächte sich, indem er dafür sorgte, dass seine Diener sich während eines Symposions an ihm vergingen. Daraufhin wandte er sich an Philipp, damit er ihm Gerechtigkeit verschaffte, doch dieser ließ es dabei bewenden, ihn zum Leibwächter zu befördern. Trotz dieser hoch angesehenen Position war der Jüngling enttäuscht und verbittert, und er fasste den Plan, den König zu ermorden. Er wurde seinerseits auf der Flucht getötet. Einer anderen Überlieferung zufolge handelte Pausanias im Auftrag der Olympias, die ihm dafür ein Denkmal setzte.

Perdikkas, makedonischer Feldherr (um 365–321 v. Chr.). Er nahm als bewährter Mitkämpfer an sämtlichen Unternehmungen Alexanders teil und tat sich besonders bei der Belagerung von Theben und in der Schlacht bei Gaugamela hervor. Kurz vor seinem Tod übergab ihm der König den Siegelring, aber schon wenig später stellten die anderen Generäle seine Autorität in Frage und verbündeten sich gegen ihn. Perdikkas ergriff Partei für die Verfechter der Rechte des rechtmäßigen Thronfolgers, Alexander IV., und kämpfte, nachdem er den Titel des Chiliarchen angenommen hatte, für die Beibehaltung der Reichseinheit. In dem verzweifelten Versuch, die Diadochen an sich zu binden, setzte er sie an die Spitze einzelner Satrapien, doch das beschleunigte die Auflösung des Reiches nur noch mehr. In dem festen Entschluss, Ptolemaios mit Gewalt von seinen Unabhängigkeitsbestrebungen abzubringen, marschierte er nach Ägypten, wurde aber während einer Meuterei von Offizieren seines Heeres getötet.

Persis (Persien), Satrapie im Westen von Ariana; zwischen Persischem Golf, Karmanien und Medien. Die Wiege der persischen Kultur und das Ursprungsland der Achaimenidendynastie. Die bedeutendsten Zentren waren die Hauptstadt Persepolis (60 km nordöstlich von Schiras) und Pasargadai, die Begräbnisstätte der ersten Großkönige. Das Gebiet entspricht dem heutigen mittleren und südlichen Teil Irans.

Philipp II., König von Makedonien (um 382–336 v. Chr.). Jüngster Sohn von Amyntas III.; nach dem Tod seiner älteren Brüder entmachtete er seinen Neffen Amyntas IV. und bestieg den Thron (359). Er baute ein mächtiges Heer auf, unterwarf die barbarischen Völker im Norden Makedoniens (Illyrer, Thraker und Paionen) und nahm einige mit Athen verbündete Stadtstaaten sowie die ertragreichen Minen im Pangaiongebirge in Besitz. Nach der Konsolidierung der Grenzen des solchermaßen erweiterten Territoriums richtete er seine Aufmerksamkeit auf den Süden. Seine Siege über Pherai, der bedeutendsten Stadt Thessaliens, und die Phoker machten deutlich, dass Makedonien nunmehr ein mächtiges Reich war. Das weckte Ängste bei den Thebanern und Athenern, die sich gegen ihn verbündeten. Nachdem er den Widerstand der Griechen in Chaironeia gebrochen hatte, nötigte Philipp ihnen die Gründung des Korinthischen Bundes auf und ließ sich zum Kommandeur eines Rachefeldzugs gegen das Persische Reich ernennen. Kurz vor dem geplanten Aufbruch wurde er von Pausanias, einen seiner Leibgardisten, ermordet.

Philotas, makedonischer Feldherr (†330 v. Chr.). Sohn des Parmenion und einer der frühesten Jugendfreunde Alexanders, der aber wohl dessen Vertrauen in der sog. Pixodaros-Affäre missbrauchte. Vermutlich war er es, der Philipp II. darüber in Kenntnis setzte, dass Alexander sich in die Heiratsverhandlungen mit dem Satrapen eingeschaltet hatte. Im Asienfeldzug hatte er das Kommando über die Hetairenreiterei inne und bewies großen Mut. Er war sehr stolz und vorlaut, und hatte auch keine Skrupel, die neuen orientalischen Sitten am Hofe zu kritisieren; damit zog er den Hass des Königs auf sich, der schließlich einen gefährlichen Gegner in ihm sah. Er wurde wegen der Teilnahme an einer Verschwörung – ob zu Recht oder Unrecht, lässt sich nicht sagen – gefangen genommen, gefoltert und schließlich von den eigenen Schulfreunden, die mit Alexanders Zustimmung handelten, zum Tode verurteilt und hingerichtet.

Phönikien (Phönizien), Landschaft an der syrisch-libanesisch-israelischen Mittelmeerküste, die das kanaanäische Volk der Phöniker (Phönizier) bewohnte. Die Wiege einer der bedeutendsten Kulturen des Mittelmeerraumes war in verschiedene autonome Stadtstaaten unterteilt, von denen Arados, Tripolis, Byblos, Tyros und Sidon die berühmtesten waren.

Phrygien, Landschaft in Innerkleinasien auf der westlichen Hochebene Anatoliens, die ein Teilgebiet der heutigen Türkei umfasste. Ihre Bewohner, die Phryger, waren ein altes indogermanisches Volk, das ursprünglich aus Makedonien stammte. Die Hauptstadt Gordion erhielt ihren Namen in Erinnerung an den legendären Reichsgründer.

Pixodaros, Satrap von Karien (†353 v. Chr.). Bruder des Mausolos, der als unabhängiger Herrscher regiert hatte, und dessen Nachfolger (er vertrieb mit Hilfe der Perser seine ältere Schwester Ada vom Thron). In dem Versuch, die Autonomie zu erlangen, führte er geheime Verhandlungen mit Philipp II., bei denen es auch um eine Heirat zwischen dessen Sohn Arrhidaios und seiner Tochter ging. Dazu kam es allerdings nicht, da sich Alexander in die laufenden Verhandlungen einmischte und sich an Stelle des Stiefbruders ins Spiel brachte, was den unbändigen Zorn Philipps erregte. Aus Angst vor möglichen Konsequenzen beeilte sich Pixodaros dem Großkönig seine Ergebenheit zu zeigen. Nach seinem Tod wurde ein persischer General Satrap von Karien; später setzte Alexander die entmachtete Königin Ada wieder auf den Thron.

Poros, indischer Radscha (370–317 v. Chr.). Herrscher von Paurava, ein Gebiet, das sich zwischen den Flussläufen Hydaspes (heute Jhelum) und Akesines (Chenab) erstreckte. Nach seiner Niederlage in der Schlacht am Hydaspes und seiner Gefangennahme unterwarf er sich Alexander und wurde zu seinem treuesten Verbündeten in der Region. Als solcher versuchte er Alexander zu überreden, seinen Vormarsch in das indische Kernland fortzusetzen, da er davon überzeugt war, dass es ihnen mit vereinten Kräften ein Leichtes sein würde, den König von Magadha, der über das gesamte Ganges-Tal herrschte, zu bezwingen. Die Unternehmung kam jedoch nicht zustande, da die Soldaten den Befehl zum Weitermarsch verweigerten. Nach dem Tod Alexanders geriet Poros mit dem makedonischen Satrapen von Indien, Eudamos, in Konflikt, der ihn tötete, um in den Besitz seiner Kriegselefanten zu kommen.

Ptolemaios, makedonischer Feldherr (366/367–286 v. Chr.). Er war um einige Jahre jünger als Alexander, begleitete diesen auf seinem Persienfeldzug und tat sich besonders im Indienfeldzug hervor. Kurz vor seinem Tod ernannte ihn der makedonische König zum Satrapen von Ägypten, das er zu einem selbstständigen Territorialstaat ausbaute. Von Perdikkas und den anderen Diadochen in Bedrängnis gebracht, wurde er in jahrelange Kämpfe verwickelt, in deren Verlauf er sein Territorium erweitern und konsolidieren konnte. Ptolemaios hinterließ auch bedeutende Spuren auf kulturellem Gebiet: Er gründete die große Bibliothek von Alexandria und verfasste eine Geschichte über die Unternehmungen Alexanders, die heute leider verloren ist. Nach seinem Tod ging seine Herrschaft auf seine Kinder und Kindeskinder, die Ptolemäer, über, deren letzter Nachkomme die berühmte Kleopatra war.

Roxane, persische Edeldame (†310 v. Chr.). Tochter des baktrischen Fürsten Oxyartes, die Alexander nach ihrer Gefangennahme in Baktrien ehelichte (327); mit dieser Geste sollte für alle deutlich werden, dass er eine Gleichstellung von Makedonen und Persern anstrebte. Kurz nach dem Tod Alexanders gebar sie einen Sohn, der den gleichen Namen bekam wie sein Vater. In den Diadochenkämpfen zwischen die Fronten geraten, wandte sie sich erst an Perdikkas, dann an Antipatros und schließlich an Olympias, in der Hoffnung, dass sie sich für ihren Sohn als legitimen Thronfolger einsetzten. Nachdem alle ihre Beschützer tot waren, nahm Kassander sie gefangen und ließ sie gemeinsam mit dem kleinen Alexander IV. in der Festung von Amphipolis umbringen.

Samaria, Landschaft in Palästina westlich des Jordan (sie umfasst heute den nördlichen Teil des Westjordanlandes). Nach einem Aufstand in der Region reagierte Alexander mit drakonischen Maßnahmen, ließ einen Großteil der Bevölkerung massakrieren und die Hauptstadt Samaria zerstören, um auf ihren Trümmern eine makedonische Siedlung zu errichten.

Seleukos, genannt Nikator, makedonischer Feldherr (um 358–281 v. Chr.). Er nahm am Indienfeldzug Alexanders teil und war nach dessen Tod einer der Hauptakteure der Diadochenkämpfe. 321 erhielt er die Satrapie Babylonien, wurde aber von Antigonos vertrieben und floh nach Ägypten. Nach der Niederlage seines Rivalen konnte er Mesopotamien wieder in seinen Besitz bringen und sogar Medien und einen Großteil von Ariana hinzugewinnen. Nach seinem Sieg über Lysimachos vereinte er weite Teile des Alexanderreiches zwischen Hellespont und Indus und knüpfte dabei an das Konzept der ethnischen Verschmelzung des Eroberers an. Er starb bei dem Versuch, Makedonien zu besetzen. Seine Nachkommen, die Seleukiden, herrschten bis in römische Zeit (64 v. Chr.).

Sisygambis, persische Edeldame (†323 v. Chr.). Gemahlin des Arxames, Bruder des Großkönigs Artaxerxes II., und Mutter von Dareios III. Kodomannos, Oxyartes und Stateira. Nach der Schlacht bei Issos (333) in makedonische Gefangenschaft geraten, trat Alexander ihr mit allerhöchstem Respekt entgegen und behandelte sie stets ihrem Rang gemäß. Nach dem Tod des makedonischen Königs beschloss sie hungers zu sterben und gab damit ihrer Hochachtung Ausdruck, die sie vor einem Mann hatte, dessen ritterliche Gesinnung sie stets gewürdigt hatte.

Sogdiane (Sogdien), Satrapie im Osten von Ariana; im Süden vom Oxus (Amudarja) und im Norden vom Iaxartes (Syrdarja) begrenzt. Hier gründete der Eroberer die

Städte Alexandria am Oxus (heute Terment), Alexandria in Sogdien (das moderne Ay Khanum) und an der Nordostgrenze Alexandria Eschate, das heutige Chodschent. Dem Gebiet entsprechen das heutige Usbekistan und Teile von Tadschikistan, Kirgistan und Turkmenistan.

Spitamenes, persischer Adliger (†328/327 v. Chr.). Er unterstützte Bessos in seinem Kampf gegen Alexander und übernahm nach dessen Tod das Kommando über die Rebellen, wobei er eine ganze Reihe von Überraschungsangriffen gegen die makedonischen Garnisonen führte. Er vernichtete sogar eine ganze Division, bis er schließlich von den Makedonen geschlagen und von seinen skythischen Verbündeten verraten wurde, die ihm den Kopf abhackten. Seine Tochter Apama wurde Gemahlin des Seleukos, einem der Diadochen, und begründete eine neue hellenistische Herrscherdynastie, die Seleukiden.

Stateira, persische Prinzessin (†323 v. Chr.). Älteste Tochter Dareios' III. und der Stateira, der Schwester und Gemahlin des Großkönigs. Sie geriet nach der Schlacht bei Issos (333) in die Gefangenschaft Alexanders, dem bei der Belagerung von Tyros das Angebot unterbreitet wurde, sie zur Frau zu nehmen. Der Eroberer lehnte zunächst ab. Nach dem Ende des Indienfeldzugs änderte er aber seine Meinung, da er nunmehr begriffen hatte, wie wichtig es für die Konsolidierung seines Reiches war, enge Bande mit dem iranischen Adel zu knüpfen, und zwar am besten durch familiäre Bindungen zu den früheren Herrscherdynastien. Daher beschloss er, Stateira sowie die Tochter von Artaxerxes III. zu heiraten (324). Diese Ehen währten allerdings nicht lange, da Alexander kurz darauf starb. Die eifersüchtige Roxane entledigte sich mit Hilfe von Perdikkas umgehend ihrer beiden Rivalinnen.

Taulantier, kriegerischer Stamm im Nordosten von Makedonien, der mit den Illyrern verwandt war.

Thaïs, Hetäre aus Athen. Vermutlich stachelte sie Alexander und seine Männer auf, den Königspalast in Persepolis in Brand zu setzen. Später war sie die Geliebte des Ptolemaios und gebar ihm drei Kinder. Dante erwähnt sie, wenn auch nicht gerade wohlwollend, in seiner *Göttlichen Komödie,* und zwar in der Hölle.

Thessalien, Region in Zentralgriechenland südlich des Olymps, mit Grenzen zu Makedonien im Norden und zu Epirus im Westen. Die Thessaler waren berühmt für ihre Kavallerie und begleiteten sowohl Philipp als auch Alexander als kampftüchtige Verbündete auf all ihren Feldzügen.

Thraker, indogermanisches Volk, das vermutlich mit den Illyrern verwandt war und seit dem frühesten Altertum den mittleren und östlichen Teil der Balkanhalbinsel bewohnte, ein Gebiet, das heute Teilen von Griechenland, Bulgarien und der Türkei entspricht. Die Thraker – ein primitiver und roher Menschenschlag – wurden von Philipp und später auch von Alexander unterworfen; Letzterem stellten sie ein Truppenkontingent zur Verfügung, das sich an den Kriegen in Asien beteiligte.

Triballer, thrakischer Stamm, der im 4. Jh. v. Chr. das Mündungsgebiet des Istros (heute Donau) besiedelte und später von Alexander besiegt wurde.

Xerxes, persischer Großkönig (um 519–465 v. Chr.); Sohn von Dareios I. Er griff das Vorhaben seines Vaters wieder auf, Griechenland zu unterwerfen. Zu diesem Zweck zog er ein mächtiges Heer zusammen, das die griechischen Truppen bei den Thermopylen vernichtete und bis nach Athen gelangte. Die persische Flotte hingegen wurde 480 in der Seeschlacht bei Salamis, die der Großkönig von seinem auf einem nahe gelegenen Hügel aufgestellten Thron aus verfolgte, geschlagen. Wieder zurück in der Heimat, erreichte Xerxes die Nachricht, dass auch sein Heer besiegt worden war. Die Geschichte der Eroberung Griechenlands durch Xerxes lieferte Aischylos den Stoff für seine Tragödie *Die Perser.*

Bibliografie

Antike Quellen und Zeugnisse in Übersetzungen:

Arrian [Flavius Arrianus], Anabasis; dt. Ausg. (im Text
  verwendet) *Der Alexanderzug. Indische Geschichte.*
  Griech. u. dt., hrsg. u. übers. v. G. Wirth u. O. von
  Hinüber, München/Zürich: Artemis 1985

Quintus Curtius Rufus, *Historiae Alexandri Magni regis
  Macedonum;* dt. Ausg. (im Text verwendet) *Geschichte
  Alexanders des Grossen.* Lat. u. dt., Textkonstituierung
  v. K. Müller, übers. v. H. Schönfeld, München:
  Heimeran 1954

Diodorus Siculus, *Biblioteca historica;* dt. Ausg.
  Geschichtsbibliothek, Buch 17, übers. v. A. Wahr-
  mund, Stuttgart 1866–69

Iustinus, *Epitoma historiarum Philippicarum Pompei
  Trogi;* dt. Ausg. *Weltgeschichte von den Anfängen bis
  Augustus.* Eingel. u. übers. v. O. Seel,
  Zürich/München: Artemis 1972

Plutarch, *Bioi paralleloi (gr.), Vitae parallelae (lat.)*
  [= 11 Parallelbiografien]; dt. Ausg. der Alexander-
  Biografie (im Text verwendet): Alexander. Caesar,
  übers. u. hrsg. v. M. Giebel, Stuttgart: Reclam 1980
  (bibliograf. erg. Ausg. 1990)

Strabon [Strabo], *Geographica;* dt. Ausg. Strabo.
  Erdbeschreibung in 17 Büchern, 4 Bde., eingedeutscht
  von C. G. Groskurd, Hildesheim u. a.: Olms 1988
  (repr. Nachdruck der Ausg. Berlin u. Stettin 1831–34);
  hier: Bd. 2 (Buch 8–13), Bücher XI und XII: »Der
  Kaukasus und die Länder des nordlichen Asiens«

*Leben und Taten Alexanders von Makedonien. Der
  griechische Alexanderroman,* hrsg. u. übers. v. H. van
  Thiel, Berlin 1971; Darmstadt 1974 (2. Aufl. 1983)

Monografien über Alexander den Großen:

Briant, Pierre, *Alexandre le Grand,* Paris: Gallimard,
  4. Aufl. 1994

Briant, Pierre, *Alexander, Eroberer der Welt,*
  Ravensburg: Maier 1990

Droysen, Johann Gustav, *Geschichte Alexanders des
  Großen,* Gotha 1833 (Essen: Magnus 1985); Das
  Weltreich Alexander des Großen, ungekürzte Text-
  ausg., Essen: Phaidon-Verlag 1996

Faure, Paul, *Alexandre,* Paris: Fayard 1985

Faure, Paul, *La vie quotidienne des armées d'Alexandre,*
  Paris: Hachette 1982

Ferrarotti, Franco, *L'enigma di Alessandro. Incontro tra
  culture e progresso civile,* Rom: Donzelli 2000

Gehrke, Hans-Joachim, *Alexander der Große,* München:
  Verlag C. H. Beck 1996 (3., durchges. Aufl. 2003)

Hammond, Nicholas G. L., *Alexander der Große: Feldherr
  und Staatsmann. Biographie,* Berlin: Propyläen 2001

Lane Fox, Robin, *Alexander der Große. Eroberer der
  Welt,* Düsseldorf: Claassen 1974 (erw. Tb-Ausg.:
  München: Heyne, 5. Aufl. 1989)

Momigliano, Arnaldo, *Filippo il Macedone,* Mailand:
  Guerini e Associati 1987

Mossé, Claude Alexandre, *La destinée d'un mythe,*
  Paris: Payot & Rivages 2003

O'Brian, John Maxwell, *Alexander the Great. The
  Invisible Enemy. A Biography,* London/New York:
  Routledge 1992

Radet, Georges, *Alexandre le Grand,* Paris: L'Artisan du
  Livre 1931

Tarn, William Woodthorpe, *Alexander der Große,* 2
  Bde., Darmstadt: Wiss. Buchgesellschaft 1968

Lesenswerte Romane über das Leben Alexanders haben
Valerio Massimo Manfredi (3 Bde, Piper Taschenbuch)
und Gisbert Haefs (2 Bde, Heyne Taschenbuch) verfasst.

Bildnachweis

Archivio Alinari, Florenz
Archivio Electra, Mailand
Artothek, Weilheim
Bildarchiv Preußischer Kulturbesitz, Berlin
Cameraphoto, Venedig
Giraudon/Archivio Alinari, Florenz
Grazia Neri, Mailand
Réunion des Musées Nationaux, Paris

Unser Dank gebührt darüber hinaus den Fotoarchiven
und Museen für das zur Verfügung gestellt Bildmaterial.

Der Verlag hat sich bemüht, sämtliche Rechteinhaber
ausfindig zu machen. Sollte es in Einzelfällen nicht
gelungen sein, Rechteinhaber zu benachrichtigen, so
bitten wir diese, sich beim Verlag zu melden.

In dieser Reihe sind bei Parthas bereits erschienen:

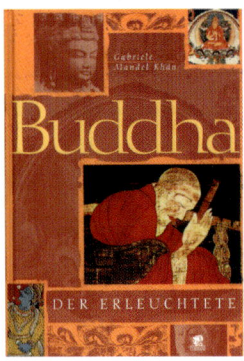

Gabriel Mandel Khân
Buddha

144 Seiten, zahlreiche
farbige Abbildungen,
Fadenheftung, Pappband,
17,5 x 26 cm
ISBN 3-932529-50-2
EUR 19,80

Gabriel Mandel Khân
Der Prophet Mohammed

144 Seiten, zahlreiche
farbige Abbildungen,
Fadenheftung, Pappband,
17,5 x 26 cm
ISBN 3-932529-40-5
EUR 19,80

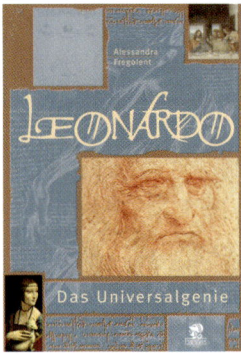

Alessandra Fregolent
Leonardo da Vinci

144 Seiten, zahlreiche
farbige Abbildungen,
Fadenheftung, Pappband,
17,5 x 26 cm
ISBN 3-932529-54-5
EUR 19,80

Alberto Conforti
Mozart

144 Seiten, zahlreiche
farbige Abbildungen,
Fadenheftung, Pappband,
17,5 x 26 cm
ISBN 3-932529-41-3
EUR 19,80

Giorgio Bagnoli (Hg.)
Die Opern Verdis

232 Seiten, zahlreiche
farbige Abbildungen,
Fadenheftung, Pappband,
17,5 x 26 cm
ISBN 3-932529-48-0
EUR 24,80